Rezidiv

Marina Roggenkamp

Marina Roggenkamp

Rezidiv

Mein Krebs ist wieder da – und ich hasse ihn

Autobiografie

DeBehr

Erstauflage: 2019
Herausgeber: Verlag DeBehr, Radeberg
ISBN: 9783957536358

Mein Krebs, ich hasse ihn, daran hat sich nicht das Geringste geändert. Seit der ersten Diagnose Lungenkrebs im November 2012 und der Behandlung in den Jahren 2013 und 2014 des bösartigen Tumors waren zwei Jahre ins Land gezogen.
Heute, 2019, ertrage ich ihn immer noch irgendwie.

INHALTSVERZEICHNIS

DER NEUE MANN

In diesen letzten zwei Jahren hatte ich durch das Internet einen neuen Mann kennen gelernt, der aus dem Osten stammte, denn vor die Türe ging ich schon lange nicht mehr. Er wollte ziemlich schnell, dass ich zu ihm ziehe, und ich war froh, diese Gegend, in der ich meinen ersten Krebs durchlebte, endlich hinter mir lassen zu können.

Auch wollte ich die Menschen, die mich während meines fast sechsmonatigen Klinikaufenthalts so enttäuscht hatten, nicht mehr sehen. Ich konnte einfach nicht vergessen, wie sie mich in dieser Zeit derart im Stich gelassen hatten.

Dieser neue Mann in meinem Leben sollte für mich mein neues Glück bedeuten, dachte ich. Doch leider entwickelte sich alles anders – und zwar ganz anders. Viel zu schnell packte ich meine Sachen, um zu diesem Mann in den Osten zu folgen, viel zu schnell. Vom Optischen her war er absolut mein Fall, und eigentlich dachte ich auch am Anfang, wir würden gut zusammenpassen – wie das meistens am Anfang der Fall ist. Doch dann stellte sich heraus, dass dieser

Mann eigentlich genau wie alle Männer war, die ich bisher kennen gelernt hatte. Außer Christian, mein Exmann.

Dieser neue Mann war egoistisch, selbstherrlich, rechthaberisch, und er war nur auf sich bedacht. Durch meinen Umzug zu ihm entfernte ich mich eine ganze Ecke weiter weg von meiner Heimat. Also wieder ganz alleine, wie so oft in meinem Leben.

Die Menschen, die ich im Osten kennen lernte, waren einfach anders, sie tickten einfach anders, einschließlich meines Freunds. Sie dachten, nur sie hätten das wahre Leben kennen gelernt und wir „Wessis", wie sie uns noch immer nannten, wüssten nichts vom Leben. Und das nur, weil sie 40 Jahre eingesperrt waren. Als hätte das etwas damit zu tun, ob man das Leben kennt oder nicht, wenn man 40 Jahre eingesperrt war. Für mich hatte es nichts damit zu tun, für mich war das absoluter Blödsinn.

Wie dem auch sei, nun lebte ich bei ihm. Er brauchte wohl eher eine Haushälterin, die für ihn kochte, backte und putzte, ihm den gesamten Haushalt führte, als eine richtige Lebenspartnerin. Dies alles war natürlich in meiner körperlichen Verfassung gar nicht möglich. Jedoch interessierte ihn das überhaupt nicht.

Ich hatte durch meine schwere Krankheit natürlich Schwierigkeiten mit mir selbst, und dann sollte ich auch noch für ihn sorgen? Das ging wirklich gar nicht. Das wollte er jedoch nicht einsehen. Auch mit unseren Interessen passten wir in keinerlei Weise zusammen. Er war ein sehr geselliger Mensch, und ich war froh, wenn ich mit anderen Menschen nichts zu tun hatte.

Es fiel mir sehr schwer, mich dort einzugliedern. Überhaupt fiel es mir schwer, mich an Menschen oder an ein „normales" Leben zu gewöhnen. Alles, was ich tat, strengte mich zu all dem psychischen Stress, den ich hatte, weil es zwischen uns einfach nicht passte, auch noch körperlich total an.

Seit dem Ausbruch meines Krebses war ich noch menschenscheuer geworden als ich es vor meiner Krebserkrankung sowieso schon war. Ich versuchte, mich anzupassen, und ging mit meinem neuen Freund sogar auf verschiedene Veranstaltungen. Einmal dort, war ich jedoch körperlich stets sehr schnell am Ende. Mir taten die Beine von dem langen Anwinkeln sehr weh. Beim Tanzen bekam ich kaum Luft, und auch sonst waren diese Veranstaltungen für mich wirklich nur anstrengend. Wenn wir dort waren, fragte er mich zum Beispiel nie, ob ich noch konnte oder es noch aushalte oder ob ich vielleicht lieber nach Hause möchte. Nichts dergleichen kam, auch nicht nur ein einziges Mal. Stets drehte sich die ganze Welt nur um ihn.

Wenn er auf einem Fest war, kannte er keine Grenzen mehr. Deshalb beschloss ich schon nach kurzer Zeit, nicht mehr mitzugehen. Es war mir einfach zu viel. Ich schaffte es körperlich nicht, und so entstand mit der Zeit immer mehr Frust auf beiden Seiten. Er ärgerte sich, dass ich nicht den ganzen Haushalt machte und mit ihm nicht mehr auf jede Feier mitging, und ich ärgerte mich über seine totale Rücksichtslosigkeit.

Ich hatte von Anfang an gesagt, dass ich Krebs habe und dass die Chemotherapie so viel kaputtgemacht hätte und dass alles nicht mehr so gehe wie vorher. Angeblich machte es ihm nichts aus. Das zumindest hatte er beim Kennenlernen gesagt. Doch nachdem ich zu ihm gezogen war, sah das alles ganz anders aus.

Er war ein sehr dominanter Mensch, und selbst die Wäsche sollte ich so aufhängen, wie er es wollte. Nichts durfte ich so machen, wie ich es gewohnt war. Er kam auch überhaupt nicht auf die Idee, mir schwere Hausarbeiten abzunehmen, wie zum Beispiel das Staubsaugen. Er hatte einen extrem schweren Staubsauger, einen der Marke Vorwerk. Ich sagte ihm, dass mir der Sauger zu schwer sei, aber er nahm es locker und meinte, das stimme überhaupt nicht. Klar hatte er viel mehr Kraft als ich, und er war nicht so krank. Nach dem Staubsaugen war ich körperlich völlig am Ende, und wenn ich damit fertig war, schnappte ich generell danach nach Luft, wie ein Fisch auf dem Trockenen.

Schon in den ersten Wochen nach meiner Ankunft bei ihm wäre es meinem Freund am liebsten gewesen, ich hätte für ihn sämtliche Schränke seiner Küche ausgewischt. Offensichtlich waren diese nie wieder entstaubt worden, seit er wieder alleine lebte. Er sagte es nicht, aber ich wusste ganz genau, dass er es von mir erwartete – und ich sollte Recht behalten. Diesen Gefallen tat ich ihm allerdings nicht, denn es reichte mir so schon, was er von mir erwartete, trotz meiner körperlichen Behinderung.

WUFFI

Eines Tages kam mein Partner dann auch noch auf die Idee, wir sollten uns einen Hund zulegen. Er glaubte, das würde meinem Gemüt und meiner körperlichen Verfassung bestimmt guttun. Ich war nicht ganz so begeistert davon, denn wenn ich mir vorstellte, ich sollte auch noch mit einem Hund ein bis zwei Stunden täglich mit meinen tauben Beinen und Füßen laufen, graute es mir sehr. Natürlich sprach ich mit ihm darüber, aber er sagte, wir könnten es doch erst einmal probieren, und natürlich ging es wieder nach seinem Willen.

Wir fuhren also von Tierheim zu Tierheim, um nach einem passenden Hund für mich zu gu-cken. Oder für uns? Wie auch immer. Aber letztendlich war es natürlich so, wie ich es mir gedacht hatte, denn ich musste mich dann doch um alles kümmern.

Als Erstes hatte er für mich einen Beagel ausgesucht. Mit diesem gingen wir erst einmal spazieren, um zu schauen, ob ich ihn überhaupt halten könnte, denn durch die Chemotherapie waren ja meine Füße, Beine und Hände zu 70 Prozent noch immer taub, und daran würde sich wahrscheinlich auch nie wieder etwas ändern. Wir gingen also mit dem Beagel los, und ich hatte ihn natürlich an der Leine. Der Spaziergang entpuppte sich dann als eine einzige Katastrophe. Der Hund zog mich durch die Gegend wie ein Weltmeister, und hätte mein Freund nicht eingegriffen, wäre der Beagel mit *mir* spazieren gegangen, und ich hätte mich ganz sicher auch noch auf die Nase gelegt.

Also war der Beagel erst einmal nichts für mich. Diese Situation hatte mir aber noch mal deutlich gezeigt, dass es keinen Sinn für mich machte, sich einen Hund anzuschaffen. Es war einfach zu viel für mich, und das sagte ich meinem Freund auch sofort. Doch der setzte, wie immer, seinen Willen durch. „Wir schauen uns noch mal in einem anderen Tierheim um." Das war seine Antwort darauf.

Also fuhren wir noch zu einem weiteren Tierheim. Dort saß ein kniehoher, weißer Mischlingshund. Er hatte seine Zähne in das Gitter von dem Zwinger, in dem er saß, geschlagen, rüttelte daran herum, bellte und zog und zerrte an dem Gitter herum und führte sich auf wie ein wildgewordener Stier.

Er wollte wohl unbedingt aus dem Zwinger raus, raus aus seinem Käfig, was ich absolut verstehen konnte. Die Tiere dort taten mir alle total leid. Der Mann aus dem Tierheim sagte, dass dieser ein Straßenhund, aus Rumänien gekommen, gerade erst eine Nacht hier sei. Wir könnten ihn aber sofort mitnehmen. Da war mir klar, warum der arme Kerl so an dem Gitter herumrüttelte, er kannte dieses Eingesperrtsein überhaupt nicht, das arme Tier. Jedoch lag mir der Beagel noch immer in den Knochen. Ich sagte zu meinem Freund, dass ich erst noch mal eine Nacht darüber schlafen wollte, aber wieder entschied mein Freund ohne Rücksicht auf mich, und er sagte zu mir: „Nein, wir nehmen den Hund aus Rumänien mal mit."

Ich weiß eigentlich gar nicht, warum ich immer und immer wieder mit genau solchen Menschen in meinem Leben privat zu tun habe und diese immer wieder anziehe, obwohl ich solche domi-nanten Menschen überhaupt nicht abkann. Seit meiner Kindheit im Heim hasste ich dominante, egoistische, kalte und rücksichtslose Menschen, und trotzdem zog ich in der Vergangenheit immer und immer wieder solche Menschen an und ließ mich auch privat mit solchen

Menschen ein.
Außer Christian, mein Exmann, der zwar auch dominant war, aber auch gleichzeitig ein unheimlich liebevoller, rücksichtsvoller und besorgter Mann. Ich wusste wirklich nicht, wie das mit meinem jetzigen Freund noch enden sollte – oder enden würde.

Der Mann von dem Tierheim holte also den Hund aus dem Käfig. Der arme Hund war sehr, sehr ängstlich. Das war für mich absolut verständlich, denn er hatte ja vorher noch gar nichts mit Menschen zu tun gehabt, und er hatte auch eine sehr lange Fahrt hinter sich. Der Tierpfleger brachte den Hund zu uns, und ich wollte auf ihn zugehen und versuchte, beruhigend auf ihn einzureden: „Wer bist denn du?“ Doch das arme Tier war so verschreckt, dass es sich sofort hinter meinem Freund versteckte, als es meine Stimme hörte.

Die Leiterin des Tierheims wollte unbedingt ein Foto von dem Hund und mir machen. Vielleicht wollte sie damit beweisen, dass wieder ein Tier vermittelt wurde. Ich tat ihr den Gefallen und nahm den ängstlichen Hund auf meinen Arm. Eigentlich war das dumm von mir. Ich hätte „Nein“ sagen sollen oder „Ich möchte das nicht, Sie sehen doch, dass der Hund Angst hat!". Warum ich es nicht tat, weiß ich heute nicht mehr.

Dann packten wir das kleine Monster in unser Auto. Es zitterte und zitterte wie Espenlaub, das arme Tier. Wir fuhren mit ihm nach Hause. Unterwegs überlegten wir uns, wie der Hund heißen sollte, und letztendlich hieß er natürlich so, wie mein Freund es wollte, wie immer.

Ich war einfach nicht in der Lage, mich bei solchen Menschen durchzusetzen. Wenn ich dann eine ganze Weile alles in mich hineingefressen hatte, rastete ich irgendwann aus und explodierte wie ein Pulverfass. Und trotzdem brachte das bei solchen Menschen gar nichts. Sie blieben selbst nach meinem Ausraster genau so, wie sie letztendlich waren.

Unser Hund hieß also so, wie mein Freund es wollte, nämlich Wuffi. Wuffi war ein Rüde und angeblich kastriert. Wir stellten Wuffi zu Hause erst einmal etwas zu fressen hin. Er war wie ausgehungert und schlang alles in sich hinein, und das so hastig, bis er sich übergab. Seit dem Tag, an dem er sich übergeben hatte, ließ er zukünftig auch mal etwas in seinem Fressnapf liegen.

Wuffi mochte die ruppige Art von meinem

Freund von Anfang an überhaupt nicht. Er verkroch sich, wann immer er ihn sah. Vertrauen hatte Wuffi zu mir noch keines gefasst, aber er lief zumindest nicht mehr vor mir weg.

Ich ging mit ihm Gassi, natürlich alleine, denn von meinem Freund war keinerlei Unterstützung zu erwarten.

Nachdem die erste Nacht mit Wuffi herum war, beschloss ich, ihn wieder ins Tierheim zurückzubringen. Es war noch keine emotionale Bindung da, weder von ihm noch von mir, und ich empfand Wuffi einfach als viel zu anstrengend. Ich sprach also zu meinem Freund: „Lass uns den Hund heute wieder zurückbringen, ich schaffe das nicht, das ist mir einfach zu viel." Mein Freund aber widersprach mir: „Nein", sagte er, „lass uns doch mal ein paar Tage warten, und wenn es dann nicht geht, dann bringen wir ihn wieder zurück."

Wie immer geschah, was mein Freund wollte. Ich war mir aber sicher, dass ich nach ein paar Tagen meinen Hund niemals wieder hergeben könnte, egal wie anstrengend er für mich war. Das würde ich mit Sicherheit nicht übers Herz bringen – und genauso war es dann auch. Nach ein paar Tagen konnte davon, den Hund ins Tierheim zurückzubringen, überhaupt keine Rede mehr sein.

Wuffi verlor langsam seine Angst vor mir und freute sich sogar, mit mir Gassi zu gehen. Nur vor meinem Freund hatte er weiterhin Angst und verkroch sich immer vor ihm. Das wunderte mich gar nicht, denn am zweiten Morgen hatte der Hund in die Wohnung gekackt und daraufhin geschah etwas, was der Hund ihm nicht mehr verzeihen konnte.

Mein Freund besaß ein Haus, und das Schlafzimmer befand sich im ersten Stock, also konnte sich der Hund überhaupt nicht bemerkbar machen, wenn er rausmusste. Somit traf den Hund aus meiner Sicht keinerlei Schuld, absolut gar keine. Außerdem war er ein Straßenhund, er kannte eine Wohnung gar nicht, und auch da musste er sich erst daran gewöhnen. Ich hörte also meinen Freund am Morgen unten im Wohnzimmer laut herumbrüllen, daher stand ich auf, ging hinunter und fragte ihn, was denn los wäre. Er hatte den Hund bereits getreten und rausgeworfen. Ich dachte, ich raste aus. Nur weil Wuffi in die Wohnung gemacht hatte, verhielt er sich so? Und dann wunderte er sich, dass Wuffi zukünftig noch mehr Angst vor ihm hatte und nur noch vor ihm weglief! Ich war so sauer auf meinen Freund! „Wie kann man einen Hund nur treten?“, fragte ich ihn. „Spinnst du? Das ist ein Lebewesen!“ Bei Tieren verstand ich wirklich keinen Spaß, da wurde ich bei Vorfällen wie diesem stinksauer. Sie waren schließlich auf uns Menschen ange-wiesen, und gerade dieser Hund, der sowieso so ängstlich war, hatte es nicht verdient, dass man ihn so behandelte.

Am nächsten Morgen ging ich dann als Erste runter, denn ich hatte Angst, dass mein Freund den Hund wieder treten könnte, falls er wieder in die Wohnung gekackt hätte. Leider war es tatsächlich so. Wuffi hatte wieder in die Wohnung gemacht. Ich schimpfte zwar auch mit ihm und schickte ihn nach draußen, aber ich tat ihm nichts. Warum sollte ich ihm auch was antun, er war nun mal ein Straßenhund und musste sich erst an die Wohnung gewöhnen. Das würde eben noch eine Weile dauern. Ich machte schnell alles weg, so dass mein Freund nichts mitbekam.

Wie dem auch sei, nun hatte ich einen Hund, der extreme Angst vor meinem Freund hatte, was ich absolut verstehen konnte. Mein Freund konnte keinerlei Beziehung zu Wuffi aufbauen. Er fand es total blöd von dem Hund, dass der vor ihm Angst hatte. Klar, wie sollte mein Freund das auch verstehen? Für meine Begriffe war dieser emotional tot. Einfühlungsvermögen für andere, das war für ihn ein totales Fremdwort.

So zog die Zeit, die ich im Osten lebte, ins Land. Mein Tag war ausgefüllt mit Gassigehen, Kochen, Waschen, Putzen, um dann nach getaner Arbeit vollkommen erschöpft auf die Couch zu sinken.

Ich wurde immer unzufriedener und stellenweise auch sehr aggressiv. Manchmal wusste ich nicht, woran es lag. Ob es nun mein Freund war, der nur Erwartungen an mich stellte, ohne selbst zu geben, oder ob es die Unzufriedenheit oder meine Krankheit oder die Anstrengung mit meinem Hund und dem Haushalt war!

Jedenfalls war ich hier nicht glücklich. Das Einzige, was mein Freund und ich letztendlich noch gemeinsam machten, war einkaufen. Bei allem anderen ging er alleine los. Ich hatte auch nicht die Kraft, lange auf irgendwelchen Feiern auszuharren. Also zog er fast nur noch alleine los, und ich blieb mit Wuffi zu Hause. Ich machte die Hausarbeit, schaute fern und ging stets mit Wuffi alleine

Gassi.

DIE ERNEUTE DIAGNOSE

Dann kam der Tag, an dem ich wieder nach Erlangen zur Lungenkrebs-Kontrolle musste. Mein Freund und ich fuhren also dorthin. Ich hoffte sehr, dass sie nichts finden würden, weil es mir unendlich leid getan hätte, meinen Hund bei diesem Mann zu lassen, falls ich im Klinikum hätte bleiben müssen. Mir selbst machte es nichts aus, aber mir ging es um meinen Hund. Er würde noch mehr leiden müssen, wenn ich nicht zugegen war, da war ich mir ganz sicher.

Als wir in Erlangen an der Klinik angekommen waren, setzte mein Freund mich dort ab, um dann mit meinem Hund in Erlangen spazieren zu gehen. Ich betrat die Klinik, und allein schon der Geruch auf den Gängen setzte mir ganz schön zu. Irgendwie hatte ich seit meiner Krankheit eine totale Phobie gegen Ärzte und Kliniken. Das war mittlerweile sehr, sehr schlimm bei mir. Ich begab mich also auf den Weg zu meinem

Behandler, obwohl ich am liebsten sofort wieder hinausgegangen wäre.

Es folgte das übliche Formulargedöns wie immer bei der Aufnahmeprozedur. Dann setzte ich mich ins Wartezimmer und wartete. All das kannte ich ja schon. Dieses Mal jedoch ging alles sehr viel schneller. Ich musste nur eine halbe Stunde warten, dann kam ich dran. Das Personal legte mir eine Nadel, alles wie gehabt, damit das Kontrastmittel durch die Nadel in meinen Körper fließen konnte.

Ich hasste dieses Herumstochern. Es war jedes Mal unheimlich schwierig, bei mir eine Vene zu finden. Daran hatte sich nichts geändert. Daraufhin schob mich die Schwester in die Röhre, das MRT, und los ging es. „Einatmen, ausatmen!“, sagte die Stimme ins Mikrophon, „und jetzt nicht mehr atmen!“ Nach fünf Minuten war alles erledigt. Die Aufnahmen meiner Lunge waren im Kasten.

Wegen unserer weiten Anfahrt bemühte man sich, den Befund dieses Mal innerhalb von ein paar Stunden auszuwerten.

Wir blieben also in Erlangen, gingen gemeinsam mit dem Hund spazieren und dort auch mittag essen. Gegen 14 Uhr rief die

Klinik dann auf meinem Handy an, dass ich zur Befundbesprechung kommen sollte. Ich war eigentlich gar nicht aufgeregt, nein, war ich definitiv nicht, ich wollte einfach nur schnellstmöglich alles hinter mich bringen. Ich setzte mich also, wie gehabt, wieder ins Wartezimmer und wartete bis der Arzt mich aufrief.

Den Arzt, der mich dann ins Zimmer rief, kannte ich noch nicht. Was mich an ihm störte, war, dass er kaum Deutsch konnte. Ich befürchtete, er könnte mir den Befund nicht so erklären, so dass auch ich ihn verstand. Er schaute auf seinen Bildschirm und grummelte irgendetwas vor sich hin.

„Bitte?", fragte ich ihn. „Ich habe Sie nicht verstanden." Gleich wandte er sich zu mir, griff zum Telefon und rief nach einem anderen Arzt. Dieser kam und schaute sich ebenfalls das Bild am Computer an. Er schaute dann mich an und sagte: „Es tut mir sehr leid, Madam, aber ich glaube, der Tumor ist wieder gewachsen. Nur, um das genauer erkennen zu können und um ganz sicher zu gehen, müssten wir noch eine ganz besondere MRT-Untersuchung machen."

„Was soll das jetzt heißen?", fragte ich ihn. „Dass die ganze Prozedur wieder von vorne losgeht, mit Chemo und allem drum und dran?“

„Ja“, sagte der Arzt, „wenn der Befund sich bestätigten sollte und der Tumor tatsächlich wieder da ist, dann können Sie davon ausgehen.“

„Nein!“, sagte ich zu ihm. „Dann können Sie davon ausgehen, dass ich das ganze Procedere mit Sicherheit nicht noch einmal über mich ergehen lasse, dann war es das für mich.“

„Lassen Sie uns doch bitte erst einmal die weitere Untersuchung abwarten, Madam, und dann sehen wir weiter. Wollen wir so verbleiben?“ Er schaute mich fragend an. „Und was sollen wir jetzt machen?“, fragte ich ihn noch mal. „Sollen wir jetzt erst wieder zurückfahren und dann wiederkommen für diese spezielle Untersuchung?“

„Ja genau, das heißt es. Wir brauchen nämlich erst noch die Bestätigung Ihrer Krankenkasse, dass sie die Kosten für diese ganz besondere Untersuchung übernimmt.“

„Na super“, sagte ich zu ihm. „Wissen Sie, was das immer für eine Tour hierher ist? Das sind mindestens vier Stunden, die wir bis nach Erlangen brauchen.“

„Ja“, sagte er, „tut mir auch leid für Sie,

aber wir brauchen erst die Einwilligung Ihrer Krankenkasse. Wir können es dann allerdings so machen, dass Sie, wenn wir die Bestätigung haben und Sie zu dieser weiteren Untersuchung hierherkommen, dann gleich danach hier in der Klinik bleiben, für eine weitere Behandlung. Dann müssen Sie nicht erst wieder nach Hause zurück. Ja“, schloss er, „so können wir es machen.“ Daraufhin antwortete ich: „Ich habe Ihnen doch gerade gesagt, dass ich keine weitere Behandlung mehr zulassen werde, zumindest keine Behandlung mit Chemo und – oder – Bestrahlung. Ich bin noch bedient vom ersten Mal. Die sechs Monate Klinik reichen mir für den Rest meines Lebens, das lasse ich niemals wieder zu. Wer weiß, was nach nochmaliger Chemo dann noch alles in meinem Körper kaputt ist! So, wie es jetzt ist, reicht es mir nämlich schon. Es ist noch immer so, dass ich durch meine tauben Füße und Beine überhaupt nicht mehr lange stehen kann. Nach circa zwei bis drei Minuten fange ich total an zu wackeln und muss mich nach einer Sitzgelegenheit umschauen, dass ich nicht umfalle.

Jedwede Arbeit, die ich verrichte, strengt mich immer extrem an, ob es das Kochen ist, das Laufen mit meinem Hund, das Bettenbeziehen, das Staubsaugen, das Treppeputzen, ganz egal, um was es geht, ich bin nach jeglicher Arbeit immer sofort fix und fertig.

Auch fällt mir noch immer wegen meiner tauben Hände manchmal einfach etwas aus der Hand, ohne dass ich auch nur irgendetwas dagegen tun kann. Ich kann kein Gleichgewicht mehr halten und kann somit auch kein Fahrrad fahren, zumindest kein normales Fahrrad. In der Nacht kann ich kaum schlafen durch das Bitzeln in meinen Beinen, was irgendwann in Schmerz übergeht. Da käme bestimmt noch mehr hinzu, was mir jedoch im Moment gerade nicht einfällt. Daher glauben Sie doch nicht im Ernst, dass ich das Ganze noch mal über mich ergehen lassen würde. Nein, das lasse ich mit Sicherheit nicht mehr zu, darauf können Sie sich wirklich verlassen, und das ist mein voller Ernst."

„Ich denke", sagte der Arzt nun, „wir lassen das für heute erst einmal alles so stehen. Sie fahren nach Hause, wir oder Sie klären das mit Ihrer Krankenkasse, ob die die Kosten übernimmt. Danach kommen Sie erst einmal wieder hierher, wir kontrollieren das Ganze noch mal mit dieser speziellen Untersuchung, und wenn es wirklich so ist, dass der Krebs definitiv wieder am Wachsen ist, dann besprechen wir alles Weitere. Wollen wir jetzt erst einmal so verbleiben, Madam?" Der Arzt schaute mich wieder fragend an. „Ja", sagte ich, „ist gut, dann machen wir es eben erst einmal so." Ich stand ich auf, ging nach draußen, rief meinen Freund an, dass er kommen könnte, um mich abzuholen.

Diese Diagnose war schon ein ziemlicher Schlag ins Gesicht für mich. Also hatten die Ärzte damals doch recht gehabt, als sie sagten, dass ich einen Krebs habe, der immer wiederkommt. Damals dachte ich: „Ach, lass die Ärzte mal erzählen. Was die erzählen! Jeder Körper und jeder Mensch reagiert anders!" Jedoch hatte ich mich da wohl geirrt.

Ich erzählte meinem Freund, dass die Ärzte davon ausgingen, dass das, was sie da auf dem Bildschirm gesehen hatten, so aussehe, als wäre der Krebs wieder da. Mein Freund ging damit total cool um, eben, wie er so war, für mich emotional tot. „Sterben müssen wir alle mal", sagte er nur darauf. Toll! Super! Echt klasse Reaktion!

Ich selbst wusste nicht, wie ich mich nun fühlte. Schwer zu sagen. Musste ich jetzt doch sterben? Mit dem Sterben hatte ich eigentlich kein Problem, im Gegenteil. Es war für mich das Gefühl, endlich für immer die Augen schließen und Ruhe finden zu dürfen. Nichts mehr sehen von dieser beschissenen Welt, nichts mehr hören von all dem Leid auf dieser Welt, endlich mit den sogenannten Menschen nichts mehr zu tun haben zu müssen, keine Schmerzen mehr zu spüren und selbst kein Leid mehr erfahren zu müssen. So gesehen wäre der Tod für mich eigentlich nur eine Erlösung.

„Was wird jedoch aus meinem Hund werden?“, fragte ich mich gleich darauf. Ich konnte und wollte ihn auf gar keinen Fall bei meinem Freund lassen. Auf gar keinen Fall. Die beiden hatten noch immer keinerlei Beziehung zueinander. Wuffi knurrte ihn sogar stets an, wann immer er nach Hause kam. Und mein Freund? Der hatte sowieso keinen Draht zu dem Hund. Er konnte noch immer absolut nicht verstehen, warum Wuffi ihn nicht mochte, Angst vor ihm hatte und stets vor ihm weglief. Nein, also Wuffi wollte ich definitiv nicht bei ihm lassen.

Daraufhin sagte ich zu meinem Freund, dass wir jetzt erst einmal einen Platz für meinen Hund suchen würden. Ich befürchtete nämlich, er wollte ihn, falls ich sterben müsste, sowieso nicht behalten. „Ja", sagte er, „ich würde ihn dann wieder ins Tierheim geben, er hat ja sowieso Angst vor mir."

„Ist gut, dann ist das jetzt erst einmal das Wichtigste, einen Platz für meinen Hund zu finden", antwortete ich ihm.

Während der langen Fahrt zurück nach Hause sprachen wir kaum ein Wort. Jeder hing seinen Gedanken nach. Eigentlich hatte ich doch mehr von meinem Freund erwartet, obwohl ich ihn und seine kühle Art ja kannte. Jedoch traf es mich doch, dass ihn diese Diagnose total kaltließ.

Als wir wieder zu Hause waren, rief ich am nächsten Tag erst einmal meine Krankenkasse an. Ich erzählte dem Mann am Telefon, dass die Ärzte ein Schriftstück benötigten, auf der die Kran-kenkasse bestätigt, die Kosten für die spezielle Untersuchung zu übernehmen. Wie die Bürokratie in Deutschland eben so ist, sagte der Mann von der Krankenkasse, dass sie dazu wiederum ein Schriftstück von der Klinik benötigten, worin stehe, dass diese spezielle Untersuchung bei mir unbedingt nötig war. Das war wieder klar! Diese ganze Bürokratie in Deutschland! Bis die Herrschaften wieder mit ihrem ganzen Formulargedöns so weit waren, hatte ich bestimmt schon den Löffel abgegeben. So sagte ich das auch dem Mann am Telefon. Ich sagte ihm auch noch, dass ich mir die Krankheit bestimmt nicht ausgedacht hätte. „Wer denkt sich schon so was aus?“, sagte ich noch zu ihm, „wohl kaum jemand.“

„Aber, sagte er, „ich benötige doch nur ein Schreiben von der Klinik, dass es wirklich so ist. Und natürlich glaube ich Ihnen, dass Sie sich so etwas nicht ausdenken.“

Ich war dieses Mal ziemlich aufgebracht, weil mir dieses Bürokratiegedöns echt auf die Nerven ging. Weil ich so aufgebracht war, sagte der Mann von der Krankenkasse zu mir: „Wir machen es am besten so, der Arzt von der Uniklinik soll mich direkt anrufen, dann geht das Ganze schneller!“ Und so veranlasste ich es auch. Ich rief den Arzt in Erlangen an, gab ihm die Nummer des Sachbearbeiters der Krankenkasse und bat ihn, diesen anzurufen, sodass das Ganze schneller über die Bühne ging. „Ja“, antwortete der Arzt, „mache ich. Denn ganz so viel Zeit sollten wir uns mit Ihrem Krebs auch nicht lassen. Sie wissen ja, dass Sie einen bösartigen Krebs haben, der sehr schnell wächst.“ Also ging das Ganze nun doch wieder von vorne los?

Seit Ausbruch meiner Krankheit hatte ich mich noch mehr verändert. Ich hatte mit Menschen kaum mehr was am Hut. Ich war seit damals, als der Krebs zum ersten Mal ausbrach, oft schlecht drauf, das Lachen war mir total vergangen. Ich wüsste heute gar nicht mehr, wie das geht. Früher hatte ich immer andere aufgemuntert mit meiner damaligen Art. Sicherlich hatte ich da auch depressive Tage, aber nicht so extrem, wie es seit Beginn meiner beschissenen Krebserkrankung war. Das war doch kein Leben mehr, was ich da führte, das war für mich nur noch ein Dasein. Nachts schlief ich extrem schlecht, denn wenn mein Körper im Bett zur Ruhe kam, fingen meine Füße und Beine extrem an zu bitzeln, das ging irgendwann dann in Schmerz über. Und auch das zermürbte mich sehr und machte meine Laune nicht gerade besser.

Manchmal nahm ich deshalb eine Schlaftablette, die sich aber nicht mit meiner Morphium-Tablette vertrug. Da konnte es schon mal passieren, dass ich nachts aufstand und hinter die Türe machte, weil ich mir einbildete, ich wäre auf der Toilette.

Ich hatte mich auch schon mal auf die Bettkante gesetzt und es laufen lassen, weil ich auch da dachte, dass ich auf Toilette säße. Das war mir dann immer extrem peinlich. Mein Freund sagte nur: „Du bist dann wie ein Schlafwandler, du bekommst gar nichts mehr mit." Also ließ ich die Schlaftabletten wieder weg. Es war einfach schrecklich.

Wenn wir einkaufen gingen, konnte ich nicht lange an der Kasse stehen und nach circa zwei bis drei Minuten des Wartens fing ich dann an zu wackeln. Auch regte es mich auf, wenn mein Freund mich im Geschäft warten ließ, weil er noch dorthin oder dahin wollte, um etwas zu besorgen. Ich sagte ihm immer wieder, dass ich mit ihm mitgehen wollte, denn er wüsste doch, dass ich nicht lange stehen könnte. Laufen ginge ganz gut, aber Stehen eben nicht. Ich hatte es ihm bestimmt schon 100-mal gesagt, und immer und immer wieder verfiel er in das gleiche Schema: Er ließ mich stehen und trabte los. Wenn ich ihn darauf ansprach, sagte er, dass er es stets vergessen würde. Klar kann man auch mal etwas vergessen, zweimal vielleicht, auch dreimal, aber doch nicht jedes Mal. Immer wieder musste ich ihn darauf aufmerksam machen, dass ich eher laufen als stehen konnte.

Auch dann, wenn ich doch mal wieder mit

ihm zu seinen Bekannten oder seiner Familie mitging, hielt ich es dort nie lange aus. Nach spätestens einer Stunde schmerzten meine Beine. Das Anwinkeln beim Sitzen tat einfach weh.

Einmal musste ich sogar bis morgens um fünf ausharren, bis ich endlich meine Beine wieder bewegen konnte. An dem Abend war ich dann aber wirklich stinksauer auf ihn. Wenn wir irgendwo waren, fand mein Freund einfach nie ein Ende. Auch wenn er wusste und merkte, dass ich nicht mehr konnte, dass ich erschöpft war oder dass ich durch meine Krankheit einfach nicht gut drauf war, war es ihm egal und er beachtete es nie.

Waren wir mal zusammen auf einer Ausstellung, dann wollte er stets da noch hin und dorthin. „Ach, das Stück noch" und „Lass uns noch dorthin gehen" pflegte er zu sagen, obwohl ich ihm schon einige Male gesagt hatte, dass ich nicht mehr könnte. Aber nein, von seiner Seite aus war keinerlei Rücksicht zu erwarten. Immer lief alles nur so und auch genau so lange, wie er es wollte. Somit entfernte ich mich immer weiter von ihm. Für mich persönlich war er ein Narzisst. Er war selbstverliebt, und alles drehte sich nur um ihn.

Nun gingen wir erst einmal daran, einen neuen Platz für meinen Hund zu suchen. Ich schaute im Internet nach und suchte nach etwas, was nicht allzu weit weg war und wo es für meinen Hund passen könnte. Nachdem ich sogar zwei Stellen für ihn gefunden hatte, fuhren wir dorthin, um uns die Plätze anzusehen. Doch keiner dieser beiden Plätze noch die Menschen dort entsprachen dem, was ich mir für meinen Hund vorstellte. Heute weiß ich, dass es mir niemand für meinen Hund hätte recht machen können.

Bei der ersten Anlaufstelle lief Wuffi vor der Person einfach weg, genau wie vor meinem Freund. Also fiel diese Option schon mal weg. Bei der zweiten Anlaufstelle kam die Person eigentlich ganz gut mit Wuffi zurecht, und sie war mir auch sympathischer als die erste Person. Jedoch brachte ich es nicht übers Herz, Wuffi sofort dort zu lassen. Deshalb sagte ich zu dieser Frau, dass ich noch eine Nacht darüber schlafen wollte, und Wuffi fuhr wieder mit uns nach Hause.

Am nächsten Tag schrieb mir die Frau, die für Wuffi am ehesten in Frage kam, eine E-Mail, dass sie sich bereits für einen anderen Hund entschieden habe. „Na“, dachte ich,

„dann war das wohl auch das Beste so, wie es jetzt ist.“ Mein Freund sagte: „Ich glaube nicht, dass du für Wuffi jemanden findest, der es dir recht machen kann. Dann warte doch einfach erst einmal das Ergebnis von Erlangen ab und was dabei herauskommt. Dann kannst du immer noch entscheiden, was mit Wuffi geschehen soll.“ Also gut, so machten wir es.

Die erneute Entscheidung

Zwei Wochen später rief die Klinik in Erlangen bei mir an, sie hätte jetzt die Bestätigung von der Krankenkasse, dass diese die Kosten der besonderen MRT übernehmen würde. Somit könnten wir jetzt einen Termin vereinbaren. Dies taten wir für die Woche darauf.

Für mich kam eine erneute Behandlung mit Chemo und Bestrahlung nicht in Frage. Eher hätte ich sterben wollen, als den ganzen Horror meiner ersten Behandlung nochmals über mich ergehen zu lassen und durchmachen zu müssen. Nein, das kam für mich auf gar keinen Fall mehr in Frage. Auf gar keinen Fall!

Manchmal in dieser schweren Zeit, wenn mein Freund alleine unterwegs war, was täglich der Fall war, weinte ich bitterlich. Nur mein Hund sah meine Tränen. Trotz meiner erneuten Lun-genkrebs-Diagnose war mein Freund noch immer der Meinung, dass ich den Haushalt gut alleine bewältigen könnte. Er nahm mir auch meinen Hund kein einziges Mal ab oder ging mit uns zusammen Gassi. Stets musste ich alleine mit meinem Hund gehen. Anschließend machte ich

mich daran, das Essen zuzubereiten oder saugte oder kümmerte mich um den restlichen Haushalt:
den Küchenboden, sowie die Treppe nach oben ins Schlafzimmer, das Gäste-WC putzen, die Wäsche machen und, und, und. Was mir auch unwahrscheinlich zu schaffen machte, war das Bettenbeziehen. Die Matratzen waren extrem schwer. Beim Anheben schnaufte ich wie verrückt. Auch bei solchen Sachen kam er nie auf die Idee, mir das wenigstens einmal abzunehmen oder mich zu unterstützen, obwohl er merkte, wie ich manchmal nach Luft schnappte, wie völlig erschöpft ich nach getaner Arbeit war. All das war ihm vollkommen egal.

In der Woche darauf fuhren wir dann zu meinem speziellen MRT-Termin in die Uniklinik Erlangen. Leider stellte sich nach dieser besonderen MRT-Untersuchung heraus, dass der Krebs tatsächlich wieder am Wachsen war, und zwar exakt genau an derselben Stelle wie beim ersten Mal. Die Ärzte erklärten mir, dass es ihnen noch nie untergekommen wäre, dass ein Krebs exakt an der gleichen Stelle wieder nachwachsen würde. Bei der anschließenden Befundbesprechung betonte ich noch einmal dem Arzt gegenüber, der mich betreute, dass für mich eine erneute Chemo und Bestrahlung nicht mehr in Frage kommen würden.

Es waren ja nicht nur die körperlichen Schäden, die mir das Leben zur Hölle und mir schwer zu schaffen machten. Nein, es war auch meine Psyche, die unter dieser schweren Krebserkrankung gelitten hatte. Ich konnte zum Beispiel nicht mehr träumen. Vor der Chemotherapie hatte ich stets, wenn ich nicht einschlafen konnte, vor mich hin geträumt und war dann irgendwann eingeschlafen. Seit der Chemotherapie ging diesbezüglich gar nichts mehr. So oft ich es auch versuchte, vor dem Einschlafen auf meine alte Weise abzuschalten, es klappte einfach nicht mehr. Das war komplett weg.

„Wenn Sie wirklich nichts mehr machen lassen wollen", unterbrach der Arzt jetzt meine Gedanken, „dann bleibt für Sie nur die Option einer Operation. Wir schneiden Ihnen das Stück Lunge, wo der Krebs sitzt, heraus, und dann hoffen wir mal, dass er dieses Mal nicht wieder-kommt." Über diese Nachricht müsste ich erst einmal eine Nacht schlafen, sagte ich zu ihm. Ich fragte ihn, was es denn für Auswirkungen hätte, wenn er mir ein Stück Lunge herausnehmen würde. „Dadurch, dass Ihnen nach der Operation dann ein Stück Lunge fehlt, bekommen Sie natürlich erst einmal weniger Luft. Sie müssten anschließend Ihre Lunge erst einmal trainieren, damit Sie wieder richtig Luft bekommen."

„Was? Noch weniger Luft als im Moment?", sprach ich zu ihm. „Ja", sagte er, „aber damit kann man ganz gut leben."

Woher wollte der Arzt denn wissen, ob man ganz gut damit leben konnte? Er hatte ja noch seine komplette Lunge. Ich hatte jetzt schon Schwierigkeiten, mit alldem zu leben, was die erste Tour mit Chemo, Bestrahlung und fast sechsmonatigem Aufenthalt in der Klinik bei mir hinterlassen hatte. „Überlegen Sie bitte nicht zu lange", unterbrach er wieder meine Gedanken. „Wie Sie wissen, haben Sie einen Krebs, der sehr schnell wächst. Deshalb wäre mein Ratschlag, Sie bleiben am besten gleich hier in Erlangen, überschlafen die Sache und teilen mir morgen Ihre Entscheidung mit. Es ist wirklich wichtig, dass wir mit der Operation nicht zu lange warten!", sagte er noch einmal, dieses Mal aber mit Nachdruck. „Gut", antwortete ich, „wir sind sowieso mit dem Wohnmobil hier, dann machen wir das so." Ich stand auf, gab dem Arzt die Hand, und wir verabschiedeten uns bis zum nächsten Tag. Und schwups war ich zur Tür hinaus.

Irgendwie fühlte ich mich auf einmal wie zerschlagen. Das Gespräch, der erneute Krebs, die vergangene Krebszeit, all das stürzte auf mich ein, und am liebsten hätte ich jetzt einfach laut losgeheult. Das tat ich natürlich nicht, es waren zu viele Menschen um mich herum.

Ich rief meinen Freund an, der, wie immer, in Erlangen mit dem Hund unterwegs war, dass er mich wieder abholen könnte. Mein Freund war beruflich selbstständig, somit konnte er seine Zeit einteilen, wie er wollte. Es war also für ihn kein Problem, noch eine Nacht oder auch länger in Erlangen zu bleiben.

Ich erzählte ihm, was der Arzt gesagt hatte. „Und was willst du machen?“, fragte mich mein Freund. „Ich weiß nicht, was ich tun soll. Was rätst du mir denn?“, gab ich zurück. „Das musst du selbst wissen“, sagte er, „da kann dir niemand dabei helfen. Das musst du ganz alleine entscheiden. Aber wie bereits schon einmal gesagt, sterben müssen wir alle mal.“ Was anderes hätte ich auf meine Frage auch erwarten sollen!

Das Einzige, was mir auf dieser beschissenen Welt noch etwas bedeutete, war wirklich nur mein Hund. Er kam bei mir an allererster Stelle. Ansonsten bedeutete mir eigentlich nichts mehr auch nur irgendetwas. In all den vergangenen Monaten wäre ich so gerne mal wieder „Frau“ gewesen. So mit Stylen und normalen Schuhen und so. Vor meiner Krebserkrankung war ich sehr gerne Frau – oder weiblich, wie immer man das auch nennen mag. Ich trug gerne Kleider und Röcke oder auch gern etwas, was sexy aussah. Das war aber seit meiner Erkrankung überhaupt nicht mehr möglich. Dadurch, dass meine Füße und Beine zu 70 Prozent taub waren, konnte ich keine normalen Schuhe mehr tragen. Trotzdem hätte ich mich gerne mal wieder hübsch zurechtgemacht.

Das hätte mir vielleicht wieder ein bisschen Auftrieb gegeben. Jedoch war auch das nicht möglich, weil mir die häuslichen Pflichten einfach zu viel waren. Ich benötigte nach alldem stets eine längere Pause, bis ich mich wieder so einigermaßen regeneriert hatte. Das Gesamtpaket war mir einfach zu anstrengend, alles auf einmal ging eben nicht. Da mein Freund mir meinen Hund nicht ein einziges Mal abnahm, war mir selbst das, mich nur um mich zu kümmern als Frau, verwehrt.

Wäre ich noch mit Christian, meinem Exmann, zusammen gewesen, wäre das überhaupt kein Problem gewesen. Christian hätte zu 100 Prozent, und das sogar von sich aus, zu mir gesagt: „Ich geh mal mit dem Hund, mach du mal was Schönes für dich, was du gerne für dich tun möchtest.“ Christian war der einzige Mensch, der auch mal für mich etwas getan hat, der besorgt um mich war, der mir auch mal von sich aus etwas abnahm. Er war stets aufmerksam gewesen. Ein wundervoller Mann eben.

Mein Freund ließ sich sogar jede Tour, die er mit mir fuhr, von mir bezahlen, auch die Touren nach Erlangen. Nicht zu vergessen die zwei Fahrten, als wir ein neues Zuhause für meinen Hund gesucht hatten. Auch die ließ er sich von mir bezahlen.

Wenn wir mal in meine Heimat fuhren, gab ich ihm auch dafür Benzingeld. Auch Umlagen für sein Haus bekam er von mir, obwohl er gar keinen Strom und kein Wasser bezahlte. Den Strom erzeugte er selbst, und das Wasser bekam er aus seinem Brunnen. Trotzdem wollte er Umlagen von mir, und er bekam sie natürlich auch. „Wenn du woanders wohnen würdest, müsstest du auch Umlagen bezahlen“, meinte er nur. Was war das denn für eine Einstellung in einer Beziehung? Das konnte ich alles absolut nicht nachvollziehen. Ein „Wir“ kannte dieser Mensch überhaupt nicht.

Als wir einmal zu seiner Tochter fuhren, rief diese ihn unterwegs im Auto an und fragte nach, wo wir denn blieben. Seine Antwort darauf war: „Ich bin gleich da!“ Nachdem er das Gespräch mit ihr beendet hatte, fragte ich ihn, wieso denn *er* gleich da wäre und was denn mit mir sei, ob er mich vorher irgendwo unterwegs aus dem Auto aussteigen lassen würde. Denn seine Wortwahl traf mich sehr! Und so war das bei allem. Für ihn gab es immer nur sich.

Jetzt machten wir uns erst einmal in Erlangen daran, ein Restaurant zu finden, wo wir etwas zu Mittag essen konnten, und noch immer war ich mir nicht sicher, was ich tun sollte. Mein Freund meinte dann plötzlich zu mir: „Wenn du dich für die Operation entscheidest, bleibe ich hier, bis sie dich operiert haben, und fahre dann erst einen Tag später wieder zurück nach Hause.“ Ich war darüber höchst erstaunt, denn damit hatte ich überhaupt nicht gerechnet. Aber es freute mich, dass er blieb, um mich zu unterstützen. Das waren so Kleinigkeiten, aus denen ich dann doch wieder Hoffnung für unsere Beziehung schöpfte.

Nach dem Essen liefen wir mit dem Hund noch ein bisschen in Erlangen herum, bis es Zeit war, wieder zum Wohnmobil zurückzukehren. „Wie hast du dich denn jetzt entschieden?“, fragte er mich, als wir im Wohnmobil waren. „Ich denke“, sagte ich, „ich lasse die Operation noch mal über mich ergehen. Obwohl ich nicht weiß, was dabei herauskommt, probiere ich es noch einmal, und wenn der Krebs dann zum dritten Mal wiederkommt, dann hat sich die Sache für mich wirklich endgültig erledigt.“

„Gut“, sagte mein Freund, „wie du meinst. Das musst du selbst wissen. Jedoch“, sagte er, „habe ich es mir überlegt, ich bleibe doch nicht hier, ich fahre doch schon morgen wieder nach Hause.“

„Warum willst du denn nun doch nach Hause fahren?“, fragte ich ihn. „Was soll ich hier in Erlangen herumlungern?“, sagte er, „da kann ich auch nach Hause fahren.“

„Aber du wolltest doch wenigstens bis nach der Operation hierbleiben!“, stieß ich hervor. „Ja“, sagte er, „aber ich habe es mir jetzt nun mal anders überlegt, ich fahre nach Hause. Ich begleite dich morgen noch in die Klinik und bleibe, bis du in dein Zimmer darfst, und dann fahre ich los.“

Die Enttäuschung in mir war riesengroß. Wieder einmal musste ich alles alleine durchstehen.

Klar würde ich nach der Operation schlafen, aber er wäre wenigstens vor der Operation da gewesen, und wenn bei der Operation etwas schiefgegangen wäre, dann hätte er den Ärzten sagen können, dass sie mich sterben lassen sollen. Wieder war niemand da, der mich tröstete, der meine Hand hielt, der mir Mut und Hoffnung machte. Nein, ich musste, wie immer, alles alleine durchstehen. Das war ein ziemlicher Schlag für mich, und ab da war ich mir sicher, dass die Beziehung zwischen meinem Freund und mir nicht ewig halten würde, wie auch immer das hier in Erlangen ausgehen würde, da war ich mir ganz sicher. Es hätte mich nicht so sehr getroffen, wenn er nicht vorher gesagt hätte, dass er bis nach der Operation hierbiebe. So hatte ich mich darauf verlassen, endlich einmal jemanden in meiner schwersten Zeit an meiner Seite zu haben. Meine Enttäuschung war groß.

Die Operation

Am nächsten Morgen gingen wir dann in die Klinik, und ich teilte dem Arzt meine Entscheidung mit, dass ich mit einer Operation einverstanden war. Dieser rief auf Station an und sagte, sie mögen bitte alles fertig machen. Die Operation sollte gleich am nächsten Tag stattfinden. „Das war eine gute Entscheidung!“, sagte der Arzt zu mir, „Sie sind doch noch so jung.“

„Na ja, so jung bin ich auch nicht mehr“, sagte ich. „Gut“, erwiderte er, „dann gehen Sie schon mal auf Station, wir sehen uns dann heute noch im Laufe des Tages. Wir bereiten Sie jetzt erst einmal für die morgige Operation vor. Sie kennen ja das Spiel: Blut abnehmen, EKG, Darm komplett entleeren und, und, und. Zu essen gibt es da natürlich heute auch nichts mehr für Sie.“

„Ja“, sagte ich, „ist okay, habe ich mir schon gedacht.“ Der Arzt gab mir die Hand, und ich verließ das Arztzimmer.

Mit meinem Freund ging ich dann zur Aufnahme wegen der üblichen Formalitäten. Und dann, wie immer, warten, warten und warten, bis man endlich drankam. All das nervte mich schon wieder. Dieses ewige Formulargedöns, die Bürokratie in Deutschland und diese Warterei in der Klinik. Das regte mich schon wieder total auf. Dann endlich nach ewig langer Zeit rief man meinen Namen auf und brachte mich auf Station, aber auch dort mussten wir wieder warten, da mein Zimmer noch nicht fertig war.

Dann endlich konnte ich in mein Zimmer. Keine zwei Minuten später kam die Schwester herein. „Bleiben Sie bitte auf dem Zimmer“, sagte sie, „da wir heute noch alle Untersuchungen hinter uns bringen müssen.“ Die Krankenschwester wandte sich zum Gehen. „Ist gut“, sagte ich, „mache ich.“ Mein Freund sagte: „So, ich gehe jetzt und fahre nach Hause. Jetzt kommst du sicherlich alleine klar. Du musst ja jetzt sowieso von einer Untersuchung zur anderen gehen!“

„Ja“, antwortete ich nur und seufzte, „ist gut. Dann fahr vorsichtig und grüß mir meinen Hund und pass besonders gut auf ihn auf.“ Das versprach er. „Ich ruf morgen mal an, wie die Operation verlaufen ist“, sagte er noch, drückte mich kurz und verließ das Zimmer.

Ich setzte mich auf mein Bett, und irgendwie überkam mich plötzlich wieder diese enorme Einsamkeit, wie ich sie schon mein ganzes Leben lang kannte. Immer war ich in wirklichen Extremsituationen alleine. Einfach niemand da, der mich umarmte, der mir Trost spendete, der mir Kraft und Mut gab. Einfach niemand da, wie es schon immer gewesen war. Ich packte meine Sachen aus, die ich natürlich schon im Voraus mitgenommen hatte. Der Arzt hatte ja gesagt, dass er die Operation, sofern ich mich dafür entscheide, schnellstmöglich durchführen wollte. Auch hatte ich mir mein Kissen, auf dem ein Foto von meinem Hund war, mitgenommen. Das sollte mir für die Operation Glück bringen. Mein Hund war wirklich das Liebste, was ich auf der Welt hatte. Er bedeutete mir wirklich alles. Kein einziger Mensch auf dieser beschissenen Welt war mir mehr wert als mein Hund. Kein einziger.

Ich konnte meinem Freund niemals verzeihen, dass er mich gerade jetzt alleine ließ. Und das, obwohl er vorher gesagt hatte, dass er bis nach der Operation in Erlangen bleiben würde. Ich glaube, das war das i-Tüpfelchen, das unsere ganze Beziehung endgültig zum Kippen gebracht hatte.

Erneut kam die Krankenschwester in mein Zimmer und sagte mir, dass ich jetzt bitte zur Blut-abnahme und zum EKG gehen soll. Die Wege dorthin kannte ich ja schon zu Genüge. Ich glaube, mit der ganzen Warterei und den Untersuchungen war ich dann erst wieder nach mindestens drei Stunden in meinem Zimmer. Es war immer das Gleiche in den Kliniken: warten, warten, warten.

Bis jetzt hatte ich das Zimmer für mich alleine, jedoch sollte noch eine weitere Patientin am nächsten Tag dazukommen. Zumindest war ich heute für mich alleine, das war ja schon mal etwas. Vor der Operation hatte ich überhaupt keine Angst, denn wenn etwas schiefging und ich sterben würde, dann würde ich das sowieso nicht mehr mitbekommen. Von daher hatte ich eigentlich vor Operationen generell noch nie Angst gehabt.

Gegen 18 Uhr kam dann der Arzt zu mir, der mich operieren würde. Und noch einmal sagte er zu mir: „Glauben Sie mir, das war die beste Entscheidung. Sie sind wirklich noch so jung und haben doch noch so viele Jahre vor sich.“ Ich antwortete nichts darauf, denn was sollte ich ihm sagen, er würde es doch nicht verstehen. Was er Leben nannte, war für mich nur noch ein Dasein. Außerdem lebte ich nur noch für meinen Hund. Er war die einzige Freude, die ich in diesem Dasein noch hatte. „Sie müssen keine Angst haben!“, unterbrach der Arzt mal wieder meine Gedanken, gab mir die Hand und verließ das Zimmer.

Ein paar Stunden später rief mich mein Freund auf dem Handy an und sagte mir Bescheid, dass er mit Wuffi gesund zu Hause gelandet wäre. Er, und das muss ich wirklich sagen, war mir in diesem Moment echt egal. Nur mein Hund, der war mir wichtig, und so war ich froh, dass er gesund und sicher zu Hause war. Von meinem Freund war ich einfach zu enttäuscht.

Nach dem Telefonat liefen mir die Tränen über meine Wangen. Wieder ganz alleine, wieder alles ganz alleine durchstehen, ohne jeglichen Halt. Warum war das nur so in meinem Leben, dass ich generell in schwierigen Situationen stets alleine war und stets alles alleine durchstehen musste? Ich fand keine Antwort darauf. Ich verstand es nicht, und die Trauer und der Schmerz über die Einsamkeit in mir überkam mich plötzlich wieder heftig, und ich ließ meinen Tränen freien Lauf. Ich wünschte mir so sehr, auf dem Operationstisch am anderen Tag endlich zu sterben! Dass ich endlich alles hinter mir hätte und endlich, endlich Ruhe und Frieden finden würde. Meine Augen für immer schließen – und gut wäre es. Das wünschte ich mir in dem Augenblick von ganzem Herzen und weinte dabei bitterlich.

Was meinen Hund betraf, so hatte ich natürlich schon eine Woche vorher Vorsorge getroffen, unabhängig von meiner Entscheidung, was ich tun würde. Sollte mir jetzt auf dem Operations-tisch etwas passieren, käme er zu meiner Nichte, das hatte ich so mit meinem Freund und ihr vorher vereinbart. Sie würde sich liebevoll um ihn kümmern, da war ich mir ganz sicher. Und mein Freund war damit natürlich einverstanden.

In Bezug auf Wuffi hatte ich in der vergangenen Zeit schon oft meinen Freund gefragt: „Wie soll Wuffi denn eine Beziehung zu dir aufbauen, wenn du dich nie mit ihm beschäftigst und auch nie mit ihm Gassi gehst? Das geht doch gar nicht! Du spielst nicht mit Wuffi, du gibst ihm kein Futter, du gehst nicht mit ihm Gassi, du tust nichts für ihn." Aber wie immer verstand mein Freund das nicht, wie immer.

Am nächsten Morgen, ich hatte mich am Abend vorher in den Schlaf geweint, war es dann so weit. Die Schwester betrat das

Zimmer, gab mir das Operationshemd, die Stützstrümpfe und sagte, ich solle mir das alles schon mal anziehen. Ich wäre die Erste an diesem Morgen, die operiert werden würde. Nachdem sie das Zimmer verlassen hatte, zog ich mir diese hässlichen Strümpfe und das Hemd an. All das kannte ich ja schon. Ich hatte keinerlei Angst und war auch kein bisschen aufgeregt, überhaupt nicht. Ein Pfleger betrat das Zimmer. Der war am Abend vorher schon bei mir gewesen, und ich fand ihn eigentlich recht nett, und er war auch recht hübsch anzusehen. Er gab mir eine Beruhigungstablette und sagte, dass er mich in circa einer halben Stunde nach unten in den Operationsraum fahren würde. „Wenn Sie also noch auf die Toilette müssen, „dann machen Sie das bitte“, sagte er noch. „Ist gut“, sagte ich zu ihm, „kein Problem“, nahm die Tablette und bewegte mich noch mal in Richtung Toilette.

Nach einer halben Stunde kam er dann wieder und schob mich mit dem Bett nach unten. Dort warteten wir dann erst mal, bis der Anästhesist kam. Der schaute auf irgendwelche Papiere, die ihm der Pfleger überreicht hatte, und sagte dann zu ihm: „Da ist ja gar keine Unterschrift auf den Papieren, dass die Patientin über die Risiken der Operation aufgeklärt wurde. So geht das nicht! Ohne ihre Unterschrift können wir sie für die Operation nicht fertigmachen!“ Dann drehte er sich um und verschwand in Richtung Operationsraum. „Na super“, dachte ich, „das fängt ja gut an.“ Ich fragte nun den hübschen Pfleger, ob jetzt etwa nicht operiert werden würde. „Doch“, entgegnete der Pfleger, „da kommt nur jetzt gleich noch mal ein Arzt, der Sie über alle Risiken aufklärt, dann unterzeichnen Sie die Papiere, und dann geht es los.“ Gott sei Dank, das hätte mir jetzt noch gefehlt, dass ich wieder auf meinem Zimmer gelandet wäre.

Ab diesem Moment war in meinem Kopf alles wie ausgelöscht. Ich kann mich in keiner Weise mehr daran erinnern, dass der Arzt da war, mich aufgeklärt hat, dass ich die Papiere unterschrieben habe und wie ich dann in den Operationsraum geschoben wurde. Das war das erste Mal, dass ich mich später nicht mehr erinnern konnte an das, was vor der Operation war. Sonst konnte ich mich stets daran besinnen, wie der Anästhesist bei mir die Nadel legte und wie ich dann ganz langsam ins Schlummerland getragen wurde. Doch dieses Mal war alles wie ausgelöscht.

Erst in meinem Zimmer kam ich wieder zu mir. Ich schaute mich um. Ich fragte mich verwirrt, was geschehen war, und erst dann fiel mir langsam die Operation wieder ein. „Stimmt!“, dachte ich mir, „sie haben mir ein Stück Lunge entfernt.“ Und sofort schlief ich wieder ein. Als ich das zweite Mal aufwachte, konnte ich schon etwas länger wach bleiben und schaute mich erneut in meinem Zimmer um. Es lag nun eine weitere Patientin hier in in diesen vier Wänden. Sie schlief gerade, vielleicht hatte man sie auch schon operiert, überlegte ich kurz, drehte mich auf die andere Seite und schlief wieder ein. Als ich das dritte Mal aufwachte, war ich dann eigentlich so gut wie ganz bei mir. Jedoch verspürte ich eine ziemliche Luftnot, irgendwie machte mir das Atmen jetzt Probleme.

Mein Freund hatte nicht angerufen! So viel also zu seinem Interesse, wie die Operation ausgegangen war. Das interessierte ihn wieder mal überhaupt nicht, wie immer. Ich hätte dabei auch den Löffel abgeben können, aber wahrscheinlich dachte er, dass die Klinik ihn dann schon angerufen hätte. Jedoch war ich, wie immer enttäuscht, obwohl ich ihn jetzt bereits gut kannte. Warum suchte ich mir wirklich immer nur die falschen Menschen aus? Warum? Ich verstand es einfach nicht.

Essen durfte ich an diesem Tag natürlich noch gar nichts, noch nicht einmal ein Süppchen. Das war aber nicht schlimm, da ich sowieso viel schlief.

Am nächsten Morgen war eigentlich alles so weit in Ordnung. Bis auf diese Luftnot. Es war schlimm, sich immer so anstrengen zu müssen, nur um überhaupt genug Luft zu bekommen. Auch hatte ich noch ziemliche Schmerzen in der Brust, besser gesagt, auf der rechten Seite. Jedoch war ich bei körperlichen Schmerzen nicht so empfindlich. Das Seelische, das haute mich stets mehr um.

Als die Visite kam, erklärte mir der Arzt noch einmal, was die Kollegen gemacht hatten. Sie hatten mir einen kompletten Lungenlappen auf der rechten Seite herausgenommen und noch etwas drumherum, damit sie sicher sein konnten, dass sie auch eventuelle Krebspartien mit entfernt hatten. „Wie geht es Ihnen?“, fragte er mich nun. „Na ja“, sagte ich, „ich bekomme etwas wenig Luft.“

„Das ist normal“, sagte er, „Sie haben hinter sich ein Gerät, mit dem Sie jetzt erst einmal üben müssen, um mit weniger Luft auszukommen, und der Lunge mehr Kraft zu geben. Die Schwes-tern werden ihnen später erklären, wie Sie das Gerät einsetzen müssen."

„Wie lange muss ich noch in der Klinik bleiben?", fragte ich ihn dann. Er schüttelte lächelnd den Kopf. „Das ist wohl das Einzige, was Ihnen im Kopf herumschwirrt", sagte er. „Stets war Ihre erste Frage: ‚Wann darf ich nach Hause?' Ist es hier so schlimm bei uns?", fragte er mich. „Ja", antwortete ich, „wer liegt schon gerne im Krankenhaus? Also ich ganz sicherlich nicht!"

„Ja, das stimmt natürlich", sagte er, „aber Sie sind immer besonders ungeduldig. Warten wir jetzt erst mal zwei Tage ab und schauen, wie es Ihnen geht. Danach kann ich Ihnen sagen, wann Sie nach Hause dürfen. Wollen wir es so machen?"

„Ja", seufzte ich, „es bleibt mir nichts anderes übrig, und ich habe wohl auch keine andere Wahl." Dann wandte er sich der anderen Patientin zu. Sie hatte wohl eine Nachoperation, aber da bin ich mir heute nicht mehr so sicher, denn auch das ist wie aus meinem Gedächtnis gelöscht. Manche Dinge waren seit dieser Operation nicht mehr abrufbar. Das war total komisch, und es erschreckte mich. Aber gut, was blieb mir übrig, weg war eben weg. Die Ärzteschaft verließ das Zimmer.

Nach circa einer Stunde kam die Schwester und erklärte mir die Handhabung des über mir hängenden Sauerstoffgerätes, wie ich es nutzen konnte. Außerdem brachte sie mir noch ein anderes Gerät, mit dem man die Lunge trainieren kann. In diesem Gerät befand sich eine Kugel, die nach oben rutschte, wenn man in das Gerät blies. Rechts auf dem Gerät standen Zahlen, auf denen man ablesen konnte, wie weit man die Kugel nach oben geschoben hatte. Je höher, desto besser. „Das müssen Sie jetzt jeden Tag mindestens zehnmal machen", sagte die Schwester zu mir. „Sie müssen Ihre Lunge jetzt kontinuierlich trainieren. Nur wenn Sie das Gefühl haben, dass Sie wirklich so gut wie gar keine Luft bekommen, nutzen Sie bitte das Sauerstoffgerät, das hinter Ihnen ist, und bitte nur dann."

„Warum nur dann?", fragte ich sie. „Weil Sie sich sonst davon abhängig machen", sagte sie, „aber Sie sollen selbstständig atmen. Man gewöhnt sich sehr schnell an so ein Sauerstoffgerät. Das ist aber nicht der

Sinn der Sache. Sie sollen zukünftig mit dem Lungenvolumen, das Sie jetzt noch haben, zurechtkommen. Also bitte mindestens zehnmal am Tag mit dem anderen Gerät üben, üben und noch mal üben, bis Ihre Lunge wieder genug Kraft hat."

„Wie lange kann das dauern?", fragte ich sie. „Zu 100 Prozent", sagte sie, „wird Ihre Lunge leider nie wieder richtig arbeiten, denn es fehlt ein ganzer Lungenlappen, und die Lunge wächst nun mal nicht nach. Also gilt es jetzt einfach, sie von Anfang an zu trainieren, jeden Tag aufs Neue."

„Na toll!", dachte ich, „hätte ich das gewusst, hätte ich die Operation nicht machen lassen." Das kam jetzt zu den anderen Beschwerden, die ich durch die erste Behandlung hatte, erschwerend hinzu. Das waren wirklich tolle Aussichten. „Ist das denn dann wirklich noch ein Leben?", überlegte ich mir. Aber jetzt hatte ich die Operation geschehen lassen, also musste ich gucken, wie ich damit zurechtkam.

Am Nachmittag rief mein Freund an und fragte endlich nach, wie es mir ginge. Er log mich an und erzählte mir, er habe am Vortag schon angerufen, was überhaupt nicht der Wahrheit entsprach. Das hatte die Kranken-

schwester gesagt, dass eben niemand angerufen hätte. Das passte wieder zu ihm. Er hatte mich schon öfter angelogen. Jedoch sagte ich ihm nicht, dass ich dies wusste. Ich wollte nicht sofort wieder Streit haben, das brachte nichts und führte auch zu nichts.
Er war eben so, wie er war.

Mein Freund erzählte mir, dass mein Hund nichts fressen wollte, und dass er ihm, falls er bis zum Abend nichts gefressen hätte, doch Nassfutter geben würde. Mein Freund wollte immer, dass mein Hund nur Trockenfutter bekam. Ich jedoch gab meinem Hund beides, Trockenfutter und Nassfutter. Ich hatte im Internet gelesen, dass nur eins von beiden für einen Hund nicht gesund wäre. Die Tiere sollten immer beides bekommen, und das leuchtete mir auch ein. Ich hätte mir denken können, dass er Wuffi auf Trockenfutter umstellen wollte, wenn ich nicht da war. Er wollte immer seinen Willen durchsetzen, und es sollte alles so laufen, wie er es sich vorstellte.

Doch bei Wuffi tat ich das, was ich wollte und ich für richtig hielt. Bei meinem Hund kannte ich kein Pardon und machte auch keine Kompromisse. „Dann gib ihm bitte Nassfutter“, sagte ich zu ihm, „der Hund muss doch was fressen."

„Ja", sagte er, „wenn er bis heute Abend nichts angerührt hat, gebe ich ihm das Nassfutter. Es ist jetzt schon der dritte Tag, an dem er nichts frisst. Jetzt sollte er das langsam mal tun!"

„Was", rief ich aus, „schon der dritte Tag?"

„Ja", sagte er, „er will einfach das Trockenfutter nicht fressen." Mein armer, armer Hund, was er jetzt erdulden musste, wo ich nicht da war, es tat mir in der Seele weh. Wir beendeten das Telefonat, denn ich hatte schon wieder genug von meinem Freund. Er wollte wirklich jedem seinen Willen aufzwingen, selbst meinem Hund.

An diesem Tag durfte ich endlich etwas essen, auch wenn ich den Krankenhausfraß wirklich nicht mochte, aber hungern konnte ich auch nicht. Allerdings bekam ich erst mal nur ein Süppchen, was nach einer Operation aber normal ist. Am nächsten Tag stand ich schon alleine auf, ging ins Bad und machte mich alleine fertig Es ging alles sehr, sehr viel langsamer und strengte noch extrem an. Immer wieder musste ich mich hinsetzen, weil ich das Gefühl hatte, sonst umzufallen. Die Luft war ständig zu knapp. Zwar trainierte ich wirklich viel mit dem

Gerät, aber eine Verbesserung war nicht zu merken. Ich pustete sehr oft in dieses Gerät rein, aber aus meiner Sicht tat sich in meiner Lunge nichts: Ich bekam weiterhin sehr wenig Luft.

Drei Tage später kam, wie jeden Morgen, eine Schwester und sagte, wir sollten jetzt bitte nach unten zum Röntgen gehen. Als sie aber sah, dass ich mich bereits alleine fertiggemacht hatte, sagte sie zu mir: „Ach, Madam, wenn Sie schon so gut laufen können, könnten Sie ihre Bettnachbarin im Rollstuhl mit nach unten schieben?“ Ich dachte, ich höre wohl nicht richtig, und antwortete ihr, dass ich das ganz sicher nicht tun würde, schließlich wäre ich eben auch erst frisch operiert worden, und so gut ginge es mir mit Sicherheit auch noch nicht.

Diese eine Schwester war wirklich unmöglich, ihr war offenbar alles zu viel. Sie war mir in den vergangenen Tagen schon öfter aufgefallen, da sie für alles ständig einen Dummen suchte, der für sie ihre Arbeit machte. So wie auch jetzt wieder. Da war sie aber bei mir an der falschen Adresse. Eine Auszubildende brachte dann mich und meine Bettnachbarin nach unten zum Röntgen. Also hatte diese, in meinen Augen faule

Schwester, mal wieder eine Dumme gefunden, die ihr die Arbeit abnahm.

Das Ergebnis der Röntgenuntersuchung sollten wir erst bei der Visite erfahren. Als ich wieder oben in meinem Krankenzimmer war, fühlte ich mich vollkommen erschöpft und ließ mich wie ein nasser Sack ins Bett fallen. Mir ging es wirklich gar nicht gut.

Am Nachmittag kam die Physiotherapeutin und wollte mit mir Gymnastik machen, damit sich keine Thrombose einschlich. Jedoch ging es mir nicht besonders. Ich fühlte mich schwach, und mir war total übel. Irgendetwas stimmte nicht mit mir.

Ich schleppte mich nur so durch den Tag. Jedoch war die Physiotherapeutin noch eine junge Göre. Als ich ihr sagte, dass ich definitiv nicht nach ihren Anweisungen bewegen könnte, meinte sie sinngemäß, dass manche Patienten einfach nur nicht wollten. Meine Nachbarin sah allerdings, wie elend es mir ging. Sie riet mir: „Rufen Sie doch nach den Schwestern, die sollen Ihnen irgendwas geben."

„Nein", sagte ich, „irgendwie wird es schon gehen."

„Besonders gut sehen Sie aber nicht aus", antwortete sie. „Ich fühle mich auch nicht besonders“, gab ich zurück.

Gegen Abend kam dann der Arzt noch mal ganz kurz zu mir, um mir zu sagen, dass die Röntgenaufnahmen ganz gut wären, es sei nichts Negatives darauf zu sehen. So ging der Tag vorüber, doch mir ging es immer schlechter. Nochmals sagte meine Bettnachbarin, ich solle doch die Schwestern rufen und ihnen sagen, wie schlecht es mir ginge. „Nein, nein“, erwiderte ich, „dem Personal ist doch sowieso alles zu viel, und es wird schon irgendwie gehen. Morgen wird schon alles besser sein.“

„Na, wie Sie meinen“, gab meine Bettnachbarin zurück.

Ich schlief nun wieder sehr viel, weil es mir körperlich immer schlechter ging. Ich schob es auf die Operation, da sie eben sehr anstrengend war.

Am nächsten Morgen, als die Visite kam, lag ich in meinem Bett wie erschossen. Wie immer fragte der Arzt, wie es mir denn ginge. „Möchten Sie eine ehrliche oder eine höfliche Antwort?“, gab ich zurück. „Natürlich eine ehrliche“, antwortete er. „Na ja, wird schon werden!“, erwiderte ich. „Wenn alles gut läuft“, sagte er, „dürfen Sie am nächsten Wochenende nach Hause. Da muss aber wirklich alles gut laufen", sagte er und ging weiter zu meiner Bettnachbarin. Nächstes Wochenende erst? Das war noch so lange hin. Wir hatten jetzt erst Samstag, also noch eine komplette Woche.

Mein Zustand verschlechterte sich zusehends. Ich kam aus meinem Bett fast überhaupt nicht mehr raus. Wenn ich auf die Toilette musste, schleppte ich mich regelrecht dorthin und dann im wahrsten Sinne des Wortes wieder zurück ins Bett.

Gegen Abend besuchte die Stationsärztin meine Bettnachbarin, schaute auch zu mir, und sie sah sofort, wie schlecht es mir ging. Sie kam zu mir rüber, griff mir an die Stirn, fühlte meinen Puls und geriet total in Panik. Sie klingelte nach einer Schwester. Als diese gekommen war, sagte sie zu ihr: „Holen Sie sofort ein EKG-Gerät, und bringen Sie mir eine Spritze." Sie nannte das Medikament. „Sieht denn hier niemand, wie schlecht es dieser Patientin geht?", rief sie entrüstet aus. Auf einmal rannten die Schwestern wie aufgescheuchte Hühner durch die Gegend.

Als das EKG-Gerät neben meinem Bett stand, schloss mich die Ärztin sofort daran an. Sie schaute sich dann das Ergebnis an und seufzte erleichtert auf. „Das Herz ist zum Glück noch nicht angegriffen“, sagte sie, „ich dachte schon, Sie hätten einen Herzinfarkt gehabt, so wie Sie ausse-hen.“

Unverzüglich erfolgte noch eine Blutabmahme, und wie sich nach dem Laborbericht später herausstellte, hatte ich mir wieder mal eine bakterielle Infektion eingefangen. Es hatte mich zum zweiten Mal hier in Erlangen mit einer Infektion erwischt. „Wir werden Ihnen jetzt hochdosierte Medikamente geben, um die Infektion in den Griff zu bekommen“, sprach die Ärztin zu mir „und die Schwestern sollen stündlich nach Ihnen gucken.“

Nach zwei Tagen Einnahme dieser hochdosierten Medikamente gingen meine schlechten Werte trotzdem nur sehr langsam zurück. Das gleiche Spiel wie damals, die Infektion hatte mich voll erwischt. „Sehen Sie“, sagte meine Bettnachbarin, „hätten Sie nur früher nach der Schwester gerufen, wie ich es Ihnen gesagt habe.“ Ja, vielleicht hatte sie damit recht, aber jetzt war es nun mal so. Ich fragte mich nur, wo ich mir die Infektion nur zugezogen haben könnte, oder wer hier von den Schwestern wieder irgendwelche Bakterien mit sich rumschleppte. Ich fühlte mich extrem müde, schlapp und total kraftlos, so als würde ich wirklich jeden Moment den Löffel abgeben.

In den nächsten Tagen verließ ich kaum mein Bett. Irgendwann ging die Zimmertür auf, und herein kam der Bekannte aus Fürth, der mich damals schon in Erlangen während meiner Chemo- Zeit besucht hatte. Er war ein langjähriger Bekannter von mir. Ich konnte mich über diesen Besuch gar nicht freuen, dafür ging es mir noch viel zu schlecht. Er setzte sich an mein Bett und fragte mich, ob er etwas für mich tun könnte, ob er mir etwas zu essen holen sollte oder sonst irgendetwas. „Nein", sagte ich, „ich brauche nichts." Er fragte dasselbe noch ein paarmal, und langsam wurde ich ungeduldig: „Wenn ich nein sage, dann meine ich auch nein", entgegnete ich ihm. „Das ist zwar nett von dir, aber auch wenn du mich noch 30-mal fragst, ich möchte nicht, dass du mir irgendetwas holst."

„Als du damals in Erlangen in der Klinik gelegen hast", sagte er, „war das aber ganz anders. Da wolltest du gerne, dass ich dir etwas zu essen hole." Ihm fehlte in meiner jetzigen Situation absolut jegliches Einfühlungsvermögen. „Ich bin dieses Mal operiert worden", sagte ich zu ihm, „die haben mir ein Stück Lunge herausgenommen, und ich habe mir gerade eine bakterielle Infektion eingefangen. Das ist doch etwas ganz anderes!“ Doch er wollte es einfach nicht verstehen, warum auch immer. Er wollte mir wahrscheinlich etwas Gutes tun, damit er sich selbst wieder gut fühlen konnte. Jedoch ging es mir dieses Mal einfach viel zu dreckig. Ich war operiert worden und war durch die bakterielle Infektion nur froh, wenn ich im Bett liegen konnte und wenn man mich in Ruhe ließ. Mein Bekannter blieb dann auch nicht lange, weil er beleidigt war, dass ich ihn so angefahren hatte. War mir aber egal, denn ich war hier die Patientin, nicht er der Pflegebedürftige. Und wenn ich einmal sagte, dass ich nichts wollte, dann musste das reichen.

Soweit es meine Gesundheit zuließ, machte ich täglich die Übungen für meine Lunge, doch eine Verbesserung konnte ich noch immer nicht feststellen.

Als die Ärzteschaft wieder mal zur Visite kam, fragte ich ihn abermals, wann ich denn endlich nach Hause könnte. „Mal schauen“, sagte er „wenn sich Ihre Werte bis zum Wochenende stabilisiert haben, dürfen Sie am Wochenende nach Hause.“

„Ich muss das aber bis spätestens Freitag wissen“, sagte ich jetzt zu ihm, „denn mein Freund muss das auch einplanen. Denn am Samstagabend läuft Boxen, und da will er unbedingt hin.“ Die Ärzte schauten sich an. „Wer boxt denn gegen wen?“, fragte der eine Arzt den anderen. Beide schauten mich fragend an. „Keine Ahnung“, sagte ich, „ich bin absolut kein Box-Fan.“

„Na, dann sehen Sie mal zu, Madam, dass Sie bis Freitag wieder auf die Beine kommen und Ihre Werte stabil sind, dann kann Sie Ihr Freund am Samstag abholen“, sagte der Chefarzt noch mal.

Wenn ich am Samstag nach Hause durfte, waren es schon wieder zwei Wochen, die ich in der Klinik verbrachte. Ich konnte diesen Krankenhausgeruch nicht mehr ertragen, dieses Krankenhausessen nicht mehr riechen, die Schwestern und auch die Ärzte nicht mehr sehen. Ich hatte eine regelrechte Ärzte- und Krankenhausphobie. Es war langsam wirklich genug, einfach genug. Ich fühlte mich immer noch total schlapp und erschöpft, aber ich wollte trotzdem nach Hause, nach Hause zu meinem Hund und in meine gewohnte Umgebung. Ich konnte noch nicht einmal länger mit meinem Freund oder sonst irgendjemandem telefonieren.

Alles strengte mich extrem an, egal was. Ich japste stets nach Luft wie ein Fisch auf dem Trockenen. Ob ich überhaupt jemals wieder richtig auf die Beine kam? So langsam zweifelte ich daran. Mein Freund hatte mir am Telefon erzählt, dass er meinem Hund nun doch wieder Nassfutter gegeben hatte, denn Wuffi wollte partout das Trockenfutter nicht fressen. Nach drei Tagen war selbst ihm das dann doch nicht geheuer. „Das habe ich dir doch gleich gesagt“, sagte ich zu ihm, „Wuffi frisst nicht nur Trockenfutter. Beides zusammen ja, aber nicht nur Trockenfutter.“ Darauf antwortete er nichts mehr.

Meine Werte wurden langsam besser, aber waren laut der Ärzte noch immer nicht so, wie sie für eine Entlassung sein sollten. Am Freitagvormittag wussten sie noch immer nicht, ob sie mich nach Hause lassen sollten oder nicht. Jedoch wurde ich langsam quengelig. Ich wollte endlich einfach nur heim und jammerte am Freitagmorgen den Ärzten bei der Visite wieder mal etwas vor. „Zu Hause werde ich am ehesten gesund“, sagte ich, „da ist mein Hund, da ist meine gewohnte Umgebung. Das alles trägt mit Sicherheit mehr zu meiner Gesundheit bei als all das hier in der Klinik."

„Sie sind wirklich eine Nervensäge", sagte der Chefarzt, „warten wir es bis heute Nachmittag ab, und dann entscheiden wir, ist das okay?" Ich gab klein bei. Was blieb mir auch anderes übrig?

Als mein Freund anrief, sagte ich ihm, dass ich es erst am Nachmittag wissen würde, ob er mich am nächsten Morgen holen könnte beziehungsweise ob er am Abend schon losfahren sollte. Mein Freund wollte mit dem Wohnmobil hierherfahren. Daher wollte er schon an diesem Abend losfahren, im Wohnmobil dann irgendwo unterwegs übernachten, dass er frühzeitig bei mir wäre. Ich fühlte mich zwar immer noch zum Kotzen, aber ich wollte hier unbedingt raus. Nichts war für mich schlimmer, als hier noch länger in der Klinik liegen zu müssen.

DIE HEIMFAHRT

Ich war absolut kein Wohnmobil-Fan. Mir war das Ganze viel zu klein, und duschen konnte man sich da auch nicht. Man konnte sich noch nicht einmal auf der Toilette richtig drehen, um sich wieder anzuziehen und sich die Hände zu waschen. Außerdem schnarchte mein Freund so laut, dass ich jedes Mal hätte ausrasten können, wenn ich im Schlaf gestört wurde. Es gab da keine Ausweichmöglichkeit für mich. Wenn wir mit dem Wohnmobil unterwegs waren, war er am nächsten Morgen natürlich super ausgeruht und ich wie gerädert. Nein, im Wohnmobil zu schlafen war definitiv nichts für mich.

Am Nachmittag kam dann der Arzt noch mal. Er erzählte mir, dass sie entschieden hätten, dass ich nach Hause dürfte. Aber nur unter der Auflage, dass mein Freund mich die ersten ein bis zwei Tage auf keinen Fall allein lassen und ich mit meinem Hund noch überhaupt nicht laufen dürfe. Wahrscheinlich hatte er vergessen, dass ich ihm vorher schon gesagt habe, dass mein Freund zum

Boxen gehen wollte. Aber mir war das egal, ich sagte darüber besser nichts. „Toll, prima, mache ich alles, da freue ich mich!“ Ich rief meinen Freund an und sagte ihm, dass er losfahren könnte, und berichtete ihm auch, was der Arzt gesagt hatte. „Ja, ja“, sagte er, „machen wir alles.“

Endlich ging es nach Hause! Ich fühlte mich noch immer im wahrsten Sinne des Wortes be-schissen, extrem schlapp, und es fiel mir echt schwer, mich auf den Beinen zu halten, aber ich musste tapfer sein, denn ich wollte am anderen Tag nach Hause.

Am nächsten Morgen kam die Visite, und der Arzt sprach noch mal eindringlich mit mir, dass ich mich wirklich noch schonen sollte. „Diese bakterielle Infektion ist wirklich nicht ungefährlich“, sagte er. „Diesbezüglich sind Sie einfach noch nicht über den Berg“, mahnte er. „Ja“, sagte ich, „mache ich, versprochen!“ Was sollte ich auch großartig tun? Ich fühlte mich selbst noch wie durch den Fleischwolf gedreht. „Sie warten aber bitte noch, bis wir den Bericht geschrieben haben, und wenn Sie den dann haben, können Sie gehen. Wir geben Ihnen auch noch die Medikamente mit nach Hause, die Sie bitte zu Hause auch weiternehmen.

Dann wünsche ich Ihnen noch alles Gute, Madam, und wir wollen alle hoffen, dass Sie den Krebs jetzt endlich besiegt haben." Dann verließ er mit der Schwester das Zimmer.

Ich stand auf, packte langsam meine Sachen und wartete darauf, dass der Befund und mein Freund endlich kamen. Die Ärztin erschien mit dem Befund, schaute kurz darauf, drehte sich zur Tür und nahm ihn wieder mit. Was sollte das denn jetzt? Irgendetwas stimmte doch da nicht, überlegte ich. Warum sollte sie sonst das Schreiben mit dem Befund wieder mitnehmen? Ich verstand es nicht.

Wieder musste ich warten, und nach einer weiteren Stunde kam sie dann wieder mit dem Schreiben. „Was war denn mit dem ersten Befund?", fragte ich sie. „Warum haben Sie ihn noch mal mitgenommen?" Sie sagte, es hätte etwas draufgestanden, was ihr unklar gewesen wäre, und deshalb hätte sie noch mal nachgehakt. Na ja, was sollte ich darauf antworten? Ich war kein Arzt, ich musste es ihr glauben.

Dann kam der Pfleger, gab mir die Medikamente, die ich mit nach Hause nehmen sollte, und verschwand Es dauerte keine zehn Minuten, da schneite der Pfleger wieder ins Zimmer herein und nahm mir eine Sorte der Medikamente wieder weg. „Was soll das denn?“, fragte ich ihn. „Sie sollen nur noch diese Sorte Medikamente“ – der Pfleger deutete auf die Packungen in meinen Händen – „zu Hause nehmen und nicht auch noch die anderen“, antwortete er.

Das fand ich schon alles ziemlich merkwürdig: Erst nahm die Ärztin den Bericht wieder mit, dann nahmen sie mir einen Teil der Medikamente wieder weg. Keine Ahnung, was das sollte. „Na ja, egal“, dachte ich, „die Hauptsache ist, ich kann nach Hause.“

Gegen 13 Uhr kam dann endlich mein Freund. Es hatte dieses Mal recht lange gedauert, aber egal, nun war er da. „Nix wie raus hier“, sagte ich zu ihm, und los ging es! Auf dem Gang trafen wir dann zufällig noch den für mich zuständigen Arzt. Er blieb vor uns stehen und sagte zu meinem Freund, dass ich mich wirklich noch schonen müsste und dass er mich bitte die nächsten ein, zwei Tage noch nicht allein lassen sollte, eben wegen dieser bakteriellen Infektion. Mein Freund versprach, sich an die Anweisungen zu halten.

Ich war wirklich noch sehr geschwächt,

aber ich freute mich auf meinen Hund und darauf, wie er reagieren würde. Wir waren vorher noch nie getrennt gewesen. „Wollen wir noch was essen gehen?“, fragte mein Freund nun. „Ich habe noch nichts gegessen, von mir aus“, sagte ich, obwohl ich lieber gleich nach Hause gefahren wäre, denn das war doch noch eine recht lange Tour, die wir da vor uns hatten. Noch mindestens vier Stunden – und mir ging es wirklich nicht gut. Wie immer konnte ich nichts dagegen sagen und wie immer lief alles nach seinem Willen.

Wir gingen zum Wohnmobil, um den Hund zu holen. Wuffi sprang aus dem Auto, sah mich an, guckte nur kurz und machte sich daran, alles zu beschnüffeln. Ein bisschen enttäuscht war ich da schon. Ich hatte mehr Freude von ihm erwartet oder eben etwas anderes als nur ein kurzes Gucken. Aber er war eben nun mal ein Tier.

Dann gingen wir ein Stück, um ein Restaurant zu suchen, jedoch war ich einfach noch viel zu schwach, um schon großartig herumlaufen zu können. Also setzte mich mein Freund irgendwo auf einer Bank ab und ging dann mit Wuffi herum, um eine Gaststätte zu finden. Ohne Erfolg, somit entschieden wir, mit dem Wohnmobil aus Erlangen herauszufahren und irgendwo unterwegs anzuhalten.

Als ich auf der Bank saß und darauf wartete, dass die beiden zurückkämen, lief Wuffi mir dann doch noch freudig entgegen, wedelte mit dem Schwanz und hatte nun endlich Zeit für mich. Ich streichelte ihn, und auch wenn er nicht so reagiert hatte, wie ich es gerne gehabt hätte, so liebte ich dieses kleine Lebewesen trotzdem sehr.

Ich wollte, dass wir jetzt endlich in Richtung Heimat fuhren, also gingen wir zum Wohnmobil. Am Fenster des Wohnmobils steckte dann ein Strafzettel. „Das kann doch wohl nicht wahr sein", schimpfte mein Freund los, „der ist doch völlig unbegründet, da vorne steht doch, dass man hier parken darf und erst ab dort hinten nicht." Es war mir so ziemlich egal, was da stand, ich wollte nun endlich einfach nach Hause. Mein Freund aber nahm diesen Strafzettel, den er nicht haben wollte, schaute sich um und sah eine Politesse. „Ich gehe da mal hin", sagte er, und schon war er weg und ließ mich mit dem Hund einfach vor dem Wohnmobil stehen.

Mir ging es körperlich immer schlechter, und ich dachte, dass sein Auftritt doch wohl jetzt nicht wahr sein könnte. Wieder dachte er nur an sich und nicht daran, dass es mir total schlecht ging und dass ich nach Hause musste.

Mein Freund kam nun mit der Politesse zusammen zum Wohnmobil und stritt mit ihr herum. Ich ging um das Fahrzeug herum und schimpfte los, er sollte endlich dessen Tür aufmachen, ich könnte nicht mehr stehen. Ich war jetzt langsam wirklich stinksauer. Da hatte der Arzt ihm noch extra gesagt, dass ich mich schonen sollte, und dann setzte er mich so einem Theater aus. Mir wäre es am liebsten gewesen, wenn er den Strafzettel genommen und von zu Hause aus Einspruch eingelegt hätte. Aber nein, es musste unbedingt in Erlangen und mitten auf der Straße sein, obwohl er sehen musste, wie schlecht es mir ging. Er machte die Tür vom Wohnmobil auf, dass ich mich wenigstens setzen konnte. Wir hatten noch vier Stunden Fahrt vor uns. Mir wurde es langsam mehr als nur schlecht. Ich war total schwach und fix und fertig.

Dann nahm er seine Kamera aus dem Wohnmobil. Ich war so was von geladen und pflaumte ihn jetzt regelrecht an, ob er eigentlich auch nur ein einziges Mal an mich denken könnte und nicht stets nur an sich. Mir ginge es total dreckig, schimpfte ich mit Tränen in den Augen. Er könnte das Thema mit dem Strafzettel auch von Zuhause aus klären.

Mein Freund stutzte kurz, schaute mich an, sagte dann, es dauerte nicht lange, und weg war er wieder. Ich war traurig und verzweifelt. Immer und immer ging es nur um ihn und niemals um mich.

Nach einer geschlagenen Stunde fuhren wir endlich los. Und was war das Ende vom Lied? Er musste die Sache mit dem Strafzettel doch von zu Hause aus klären. Ich fühlte mich so elend, einfach nur elend. Seine Rücksichtslosigkeit kannte aus meiner Sicht wirklich keine Grenzen und machte mir emotional sehr zu schaffen.

An einer Tankstelle hielten wir an. Man konnte dort auch etwas essen, und es gab dort auch noch einen Lidl und einen Aldi. Mein Freund setzte mich draußen an den Tischen ab und ging dann noch in aller Seelenruhe etwas einkaufen. Ich konnte das Ganze wirklich nicht fassen. Ich hätte am liebsten losgeweint, aber das war natürlich in der Öffentlichkeit nicht möglich. Ich hing auf meinem Stuhl, bereit, jeden Moment umzufallen. Nachdem er endlich vom Einkaufen kam, aß er noch etwas. Ich konnte nichts essen, mir war total übel.

Nach drei Stunden Autofahrt sah er mir komischerweise endlich einmal an, wie schlecht es mir ging. „Noch eine Stunde“, sagte er, „dann hast du es geschafft.“ Ich sagte nichts mehr dazu, was sollte ich auch sagen? Ich dachte an meinen Exmann Christian, der mit Sicherheit schnurstracks mit mir nach Hause gefahren wäre. Ohne einen Aufstand mit einer Politesse zu proben. Mein Exmann war immer fürsorglich gewesen, immer.

Nachdem wir dann endlich im Osten zu Hause bei ihm angekommen waren, fiel ich nur noch ins Bett und fror und fror und fror. Er brachte mir eine zweite Decke und sagte, dass er sich das gedacht hätte, dass mich die Fahrt nach Hause extrem anstrengen würde. Was sollte ich darauf sagen? Mir fehlten nach alldem die Worte. Ich war nur mal gespannt, ob er zum Boxen ging oder nicht, obwohl ich eigentlich die Antwort schon kannte.

Genau so war es dann auch. Seine Töchter, sein Schwiegersohn und dessen Freund kamen am Abend vorbei, um meinen Freund zum Boxwettkampf abzuholen. Seine Töchter kamen nach oben zu mir ins Schlafzimmer, setzten sich kurz an mein Bett und fragten, wie es mir ginge. „Be-schissen“, sagte ich, „mehr als nur beschissen, ich möchte nur noch schlafen.“ Sie ließen mich alleine und gingen mit ihrem Vater zu besagtem Wettkampf.

Ich war gespannt, wann er nach Hause kommen würde. Jeder normale Mann wäre nach der Veranstaltung sofort nach Hause gefahren, um zu schauen, wie es seiner Freundin geht, ob auch alles okay wäre. Nein! Dieser Mann war erst am nächsten Morgen um fünf Uhr zu Hause, und bis dahin kam noch nicht einmal eine einzige Nachricht per SMS mit der Frage, ob mit mir und bei mir alles in Ordnung wäre. Bei einem Boxwettkampf gab es doch auch Pausen, da hätte er doch mal nachfragen können, ob alles gut wäre.

Was war er eigentlich nur für ein Mensch? Was waren das alles überhaupt für Menschen? Wenn ich eine seiner Töchter oder sein Schwiegersohn gewesen wäre, ich hätte nach dem Boxen zu ihm gesagt: „Wir fahren dich jetzt nach Hause, dass du erst einmal gucken kannst, ob bei Marina alles in Ordnung ist.“

Aber die, die ich bisher aus dem Osten kennen gelernt hatte, waren für mich persönlich alle emotional tot. Da bildete für mich niemand eine Ausnahme von denen, die ich bis zu diesem Zeitpunkt kennen gelernt hatte. Ich weiß nicht warum, aber ich kam mit diesen Menschen absolut nicht zurecht.

Für mich persönlich waren das Menschen, die nur an Feiern und Saufen interessiert waren. Das war für sie das Wichtigste im Leben, zumindest aus meinem Blickwinkel. Ich selbst hatte mit Feiern so gar nichts am Hut, so wirklich überhaupt gar nichts. Auch in dieser Nacht war ich mal wieder maßlos enttäuscht von meinem Freund, seinen Töchtern und seinem Schwiegersohn. Wie konnte man nur so sein? Ich verstand es einfach nicht. Diese Nacht war nun wirklich der Anfang vom Ende unserer Beziehung.

Nun lag ich hier im Osten, fern meiner Heimat, in einem Bett, in dem Haus meines jetzigen Freundes mit einem Stück fehlender Lunge, extremen Schmerzen, ständiger Luftnot und wieder so einsam wie eh und je. Ich wünschte mir so sehr, endlich für immer die Augen schließen zu können. Der Tod wäre für mich eine echte Erlösung. Sollte mir jetzt etwas passieren, konnte mir noch nicht einmal mein Hund helfen. Der lag ja unten im Wohnzimmer. Gerne hätte ich mich unten auf die Couch gelegt, um seine Nähe zu spüren, jedoch war ich einfach noch zu schwach.

Nachdem mein Freund erst am nächsten Morgen um fünf Uhr zu Hause war, ging er natürlich am nächsten Tag auch erst sehr spät mit Wuffi Gassi. „Das arme Tier!“, dachte ich, er tat mir in der Seele leid.

Ich nahm meine Medikamente und hoffte, in den nächsten Tagen wieder aufstehen zu können. Ich hatte meinem Freund nichts von meiner Enttäuschung über sein Verhalten gesagt. Es hatte sowieso keinen Sinn, ich hatte oft versucht, ihm zu erklären, was ein „Wir“ in einer Beziehung bedeutet, jedoch verstand er es nie.

Natürlich fragte er mich stets, ob ich etwas essen wollte, und brachte mir auch Kleinigkeiten nach oben. Kochen wollte er nicht. Nur Fertiggerichte warmmachen. Er hatte mir mal erzählt, er könnte kochen, aber er habe keine Lust dazu.

Nach circa vier langen Tagen schleppte ich mich langsam nach unten und legte mich dort auf die Couch. Mein Zustand war noch immer beschissen. Die körperliche Schwäche und diese Luftnot ließen einfach nicht nach. Ich schleppte mich von einem Tag zum anderen durchs Leben.

Am Wochenende fand bei meinem Freund eine Feier statt. Ich konnte es wirklich kaum fassen. Es ging mir noch extrem schlecht, und ich hätte noch viel Ruhe gebraucht. Ich lag zwar endlich auf der Couch und nicht mehr oben im Bett, aber zu mehr war ich noch immer nicht fähig. Seine Kinder, samt Anhang und Freunde sollten kommen. Mir graute davor! Keinerlei Rücksicht nahmen diese Menschen, nicht ein bisschen!

Ich wäre niemals auf die Idee gekommen, eine Feier zu veranstalten, wenn mein Partner noch so extrem krank war, niemals. Auch wenn diese Feier noch vor meiner Krebs-Operation geplant war, so gab es doch Situationen im Leben, da musste man eben umdisponieren. Nein, auf die Idee kamen diese Menschen überhaupt nicht. „Wenn es dir zu viel wird“, sagte mein Freund nur zu mir, „dann legst du dich einfach wieder nach oben ins Bett.“ Dass alleine der Krach störend sein könnte, auf die Idee kam er nicht. Er konnte überhaupt nicht verstehen, dass mir noch ganz und gar nicht nach irgendwelchen Feiern oder Menschen war, dass ich einfach nur meine Ruhe brauchte. Dieses Mal hatte ich echt das Gefühl, so gar nicht wieder auf die Beine zu kommen.

Während der Feier saßen die Anwesenden zwar alle draußen auf der Terrasse, trotzdem war es ziemlich laut, und sie liefen oft ins Haus rein und raus. Irgendwann ging ich dann doch nach oben. Mir war zum Weinen, weil so wirklich niemand auf mich Rücksicht nahm, niemand dieser ganzen Bagage. Wann sie dann endlich gingen, keine Ahnung, ich lag oben und lauschte nur, wann endlich wieder Ruhe einkehrte, und irgendwann schlief ich dann ein.

Weil ich mich von dieser bakteriellen Infektion oder dieser Operation einfach nicht erholte, sagte mein Freund in den Tagen darauf zu mir: „Lass uns mal zu der Hausärztin fahren, vielleicht hat sie eine Idee, wie man dir helfen kann."

„Was soll sie denn für eine Idee haben?", fragte ich ihn, „die fragt doch immer mich, was man tun könne oder was sie mir verschreiben soll."

„Wir können es trotzdem mal probieren", sagte er.

Am nächsten Tag fuhren wir dann zu der

Hausärztin. Allein das Warten im Wartezimmer strengte mich total an. Als ich dann dran war, fragte sie mich, wie ich es vorausgesehen hatte. „Was soll ich Ihnen verschreiben?“ Und dieses Mal sagte ich zu ihr: „Sie sind doch die Ärztin, nicht ich. Sie müssen doch wissen, was mir helfen könnte.“

„Sie haben eine schwere Lungenoperation hinter sich, und wie ich es aus dem Befund hier entnehme, gab es danach auch noch einige heftige Komplikationen durch eine bakterielle Infektion. Das dauert natürlich seine Zeit, bis Sie wieder fit sind. Da dürfen Sie nicht zu ungeduldig sein“, sagte sie. „Essen Sie jetzt mal viel Obst, und nehmen Sie sich die Zeit, die sie brauchen.“ Mehr wusste sie nicht zu sagen und auch nicht zu tun. Also stand ich auf, gab ihr die Hand, bedankte mich, und wir fuhren wieder nach Hause. „Ich habe dir doch gesagt“, sagte ich zu meinem Freund, „dass sie sowieso nicht weiß, wie sie mir helfen soll. Das war jetzt total vertane Zeit.“

„Es war aber einen Versuch wert“, widersprach mir mein Freund. Ich schwieg und sagte nichts mehr.

Zwei Wochen nach meinem Klinikaufenthalt in Erlangen beschloss ich, langsam wieder anzufangen, mit meinem Hund zu laufen. Ich fühlte mich noch immer wackelig auf den Beinen, aber ich wollte es endlich mal wieder probieren. Außerdem hoffte ich, dass ich durch die frische Luft wieder etwas mehr auf die Beine kam.

Am Morgen nach dem Frühstück nahm ich die Leine von meinem Hund, und siehe da, auf einmal reagierte Wuffi so, wie ich es mir nach meinem Klinikaufenthalt gewünscht hatte. Er sprang wie ein Bekloppter an mir hoch und freute sich wie ein Schneekönig. Er überschlug sich fast vor lauter Freude, dass ich wieder mit ihm Gassi gehen würde.

Normalerweise sprang mein Hund überhaupt niemanden an. Diese Unart hatte er von Anfang an nicht gehabt. Doch jetzt, in seiner Freude, flippte er wirklich total aus, sprang immer wieder an mir hoch, drehte sich im Kreis, rannte hin und her, und ich konnte ihm kaum die Leine anlegen, so zappelte er vor lauter Freude herum. Es war schön, mein geliebtes kleines Monster mal wieder so glücklich zu sehen.

„Geh nicht zu weit und zu lange“, sagte mein Freund, „und sollte es nicht mehr gehen, rufe an, dann hole ich euch ab.“ Das empfand ich wieder als sehr nett von ihm, und das war einer jener Augenblicke, an denen ich ins Grübeln kam. Aber das waren leider so wenige Ausnahmen, an denen er an mich dachte.

Mein Hund und ich gingen los. Es war noch extrem anstrengend, aber Stück für Stück ging ich mit meinem Hund. Er freute sich, rannte hin und her, die Lebensfreude war ihm anzusehen. Ich schnaufte wie ein Walross und schnappte nach Luft wie ein Fisch auf dem Trockenen. Ich musste immer wieder stehen bleiben, und ich war mir nicht sicher, ob ich diesen Spaziergang wirklich schaffen würde. Meinen Hund so glücklich zu sehen gab mir jedoch Kraft weiterzugehen.

Seit diesem ersten Spaziergang mit meinem Hund nach dem Klinikaufenthalt ging wieder nur ich mit meinem Hund Gassi. Jeden Tag ein Stück mehr.

An irgendeinem Tag dann, als mein Hund und ich wieder unterwegs waren, wurde mir plötzlich total schlecht. Ich fing an zu wanken und musste mich an einen Baum lehnen, der direkt an einem Parkplatz stand, auf dem ein Mann gerade etwas in sein Auto lud. Es ging mir jetzt so schlecht, dass ich mich übergeben musste. Dieser Mann sah uns, aber er dachte nicht im Traum daran, mich mal zu fragen, ob er mir helfen könnte. Er lud in aller Seelenruhe die Sachen in sein Auto weiter ein. Genauso kannte ich die Menschen! Heutzutage konnte man vor den Augen anderer verre-cken, es interessierte sie in keinster Weise. „Was für eine armselige Menschheit!“, dachte ich. Ich lehnte mich noch einen Augenblick an den Baum, bis ich wieder stabil war. Ich war wirklich schockiert über das Verhalten dieses Mannes.

Dachte niemand mehr an den anderen, geschweige denn daran, jemandem zu helfen, wenn man sah, dass es der betreffenden Person schlecht ging? Ich selbst war da, trotz meiner Krankheit, diesbezüglich wirklich anders. Als ich einmal mit meinem Hund im Dunkeln Gassi ging und jemand in der Hocke auf dem Bürgersteig saß, fragte ich diese Person, ob alles in Ordnung wäre. Und das, obwohl ich im Dunkeln Angst hatte, und es ein Mann war, der da saß. „Ja, ja“, sagte der Mann, „alles in Ordnung.“ Und erst dann ging ich weiter. Mir war schon mulmig zumute, aber ich hatte meine Angst überwunden, denn es hätte ja sein können, dass er wirklich Hilfe gebraucht hätte. Man sitzt ja nicht einfach ohne Grund in der Hocke auf dem Bürgersteig im Dunkeln.

Nach meinem Erlebnis mit diesem Mann auf dem Parkplatz, der mir nicht geholfen hatte, gingen Wuffi und ich nach Hause. Dort erzählte ich meinem Freund, dass ich mich unterwegs übergeben musste und dass da ein Mann war, der nicht im Traum daran gedacht hatte, mir zu helfen. Oder zumindest daran, mich zu fragen, ob er mir helfen könnte. Mein Freund sagte: „Der hat bestimmt gedacht, du seiest betrunken und musst dich deshalb übergeben.“

„Klar“, sagte ich, „morgens ist man ja auch schon betrunken.“

„Warum nicht?“, sagte mein Freund, „es gibt Menschen, die saufen auch am Morgen schon.“

Na ja, was sollte ich da noch drauf antworten?

Ich war nicht der Meinung, dass sich mein Gesundheitszustand in den folgenden Wochen verbesserte. Selbst das Schuhezubinden strengte mich enorm an. Für mich war das langsam kein Leben mehr, und ich zog mich immer mehr zurück. Ich lebte nur noch für meinen Hund, und mein Freund ging seiner Wege. Jetzt gingen wir wirklich nur noch zusammen einkaufen und mehr nicht. Für ihn war es bequem, er konnte jetzt machen, was er wollte.

Ich allerdings hatte, trotz meiner schlechten Verfassung, wieder angefangen, alles im Haushalt, so gut es ging, zu machen. Ich kochte, putzte und tat eigentlich aus meiner Sicht wieder alles für ihn, und er konnte sein Leben genießen. Es ging zwar alles sehr, sehr langsam, denn ich brauchte für alles die doppelte Zeit, aber ich tat es trotzdem. So lebte ich mit meinem Hund in den Tag hinein. Körperlich erholte ich mich seit der Operation und der bakteriellen Infektion aus meiner Sicht nie wieder richtig. Obwohl ich meine Lunge Tag für Tag trainierte, immer wieder aufs Neue, blieb der körperliche Erschöpfungszustand. Ich ging mit meinem Hund wieder ganz normale Wege und Runden und hoffte, dass sich, durch die frische Luft und die tägliche Bewegung, mein Zustand doch irgendwann wieder verbessern würde. Doch blieb alles so, wie es war. Für mich war und blieb ich ein körperliches Wrack.

An Weihnachten klingelte bei meinem Freund das Telefon, und ein Arzt von der Uniklinik Erlangen war am Apparat. Ich nahm den Hörer ab. Er fragte mich, wie es mir ginge. Ich sagte ihm, dass ich mir überlegte, ein Sauerstoffgerät anzuschaffen. Diese ständige Luftnot machte mich ganz verrückt. Er riet mir ganz massiv davon ab. „Das hilft Ihnen nur psychisch", sagte er, „ansonsten hat es keinerlei Auswirkungen. Außerdem kann so ein Gerät auch gefährlich sein. Denn wenn Sie zu viel Sauerstoff abbekommen, können Sie auch ins Koma fallen. Also rate ich Ihnen, lassen sie bitte die Finger davon. Ihnen fehlt nun ein Stück Lunge, und sie müssen einfach lernen, damit zu leben. Die Lunge ist nicht wie die Leber, sie wächst nicht mehr nach." Schade. Wieder eine Hoffnung zerstört. Ich hatte wirklich gehofft, dass ich durch so ein Gerät wieder mehr Luft bekommen würde, echt schade. Trotzdem empfand ich es als sehr nett, dass die Klinik Erlangen sich dafür interessierte, wie es mir ging.

Nach einer gewissen Zeit überlegte ich, wieder zurück in meine Heimat zu gehen, wo ich zu Hause war. Ich sehnte mich nach meiner gewohnten Umgebung. Während dieser Zeit der Überlegungen musste mein Freund zur Untersuchung seiner Prostata. Bei diesem Termin stellten die Ärzte dann fest, dass er Prostatakrebs hatte. Das war ein ziemlicher Schock. Jetzt konnte ich ihn natürlich erst einmal nicht verlassen. Das brachte ich einfach nicht übers Herz. Selbst wenn ihn mein Leben überhaupt nicht interessierte. Trotzdem legte ich meine Überlegungen, in meine Heimat zurückzugehen, jetzt erst einmal wieder auf Eis. Ich konnte da einfach nicht aus meiner Haut heraus, ich konnte nicht so sein wie er, der stets nur an sich dachte. Da war ich eben einfach anders.

Als er dann in die Klinik kam, begann ein ziemlicher Stress für mich. Am Morgen ging ich mit meinem Hund. Sofort nach meiner Rückkehr von unserem Spaziergang zog ich mich um, lief schnellstmöglich zur Bushaltestelle, um den Bus noch zu bekommen, und fuhr dann in die Klinik zu meinem Freund. Dort blieb ich dann ungefähr zwei bis drei Stunden bei ihm, obwohl wir uns auch dort gar nichts mehr zu sagen hatten.

Am Nachmittag, fuhr ich dann wieder mit dem Bus nach Hause, schnappte mir umgehend meinen Hund und ging wieder mit ihm seine Runde, ohne zwischendurch etwas zu essen und ohne mir zwischendurch einmal Ruhe zu gönnen. Erst gegen 18 Uhr kam ich dann langsam zur Ruhe, und so ging das eine

Woche lang. Ich war völlig fertig, körperlich und seelisch.

In dieser Zeit überwarf ich mich oft mit den Geschwistern meines Freundes und seinen Kindern. Hätten sie nicht einmal fragen können, ob ich Hilfe brauchte und ob ich zurechtkäme? Ich haderte mit meinem Leben, was für mich kein Leben mehr war. Für mich war das wirklich nur noch ein Dasein, aber kein Leben. Wäre mein Hund nicht gewesen, wäre ich am Morgen überhaupt nicht mehr aufgestanden. Dann wäre ich den ganzen Tag im Bett geblieben oder wäre vom Bett auf die Couch umgesiedelt, hätte dort ferngesehen, hätte am Mittag etwas gegessen oder auch nicht, und wäre am Abend wieder ins Bett gegangen.

Nach den Krankenhausbesuchen bei meinem Freund ging ich zwischendurch natürlich auch noch einkaufen. An solchen Tagen lief ich auch diese Strecke noch zusätzlich und lief sie mit meinem gefüllten, schweren Rucksack auch wieder zurück.

Die Zeit, in der mein Freund im Krankenhaus lag, war für mich echt der Horror pur. Ich war jeden Abend körperlich am Ende und ließ mich jedes Mal wie ein nasser Sack auf die Couch fal-len.

Nach einer Woche sagte mein Freund dann zu mir, es reichte, wenn ich alle zwei Tage kommen würde. Das erleichterte mich und war mir auch wirklich recht. So hatte ich wenigstens wieder einen Tag, an dem ich meinen normalen Ablauf hatte, mich zwischendurch ausruhen, etwas essen konnte, um meine normale Runden und Zeiten mit meinem Hund zu gehen.

Selbst den Rasen mähte ich einmal in dieser Zeit, weil mein Freund mir in der Klinik vorjammerte, wie hoch dieser jetzt wachsen würde, bis er entlassen werden würde. Aber das tat ich wirklich nur einmal, denn da dachte ich wirklich, jetzt breche ich gleich zusammen, so anstrengend war das für mich. Mir wurde dabei total schlecht, und ich stand kurz davor umzufallen, und ich übergab mich mitten auf dem Rasen.

Am Abend nach solchen Anstrengungen war ich dann oft den Tränen nahe, so erschöpft war ich jedes Mal. Ich hatte mir einfach zu viel zugemutet. Aber was sollte ich tun? Es war niemand da, der mich unterstützte, wie immer.

Natürlich hatte mein Freund auch Geschwister und, nicht zu vergessen, auch Kinder. Doch diese besuchten nur meinen

Freund im Krankenhaus, dachten aber in keiner Weise daran, dass auch ich krank war und Unterstützung gebraucht hätte. Das war egal, ich konnte zusehen, wie ich zurechtkam.

Nach zwei Wochen wurde mein Freund, endlich „geheilt“, aus der Klinik entlassen, und ich war froh, dass jetzt alles wieder seinen normalen Gang ging. Nachdem er wieder zu Hause war, ging er, wie immer, wieder seiner Wege. In dieser Zeit lernte er im Internet eine neue Frau kennen.

Ich hatte kein Problem damit. Jedoch wurde mir dadurch klar, dass es nun Zeit für mich war, wieder in meine Heimat zurückzukehren.

Er hielt dieses Kennenlernen mit dieser Frau allerdings geheim und dachte, ich würde nichts merken, dachte, ich wäre so blöde. Jedoch war ich nicht so blöde, denn immer, wenn ich kam und er gerade telefonierte, legte er sofort den Hörer auf oder sprach auf einmal ganz, ganz leise am Telefon. Auf jeden Fall merkte ich auch dadurch ganz schnell, dass er eine andere hatte. Ich denke, er war sich nicht sicher, was er machen sollte, denn bei mir konnte er sein Leben genießen und konnte tun und lassen, was er wollte. Was mit der Neuen auf ihn zukam, das wusste er natürlich noch nicht.

Irgendwann sprach ich ihn dann darauf an und fragte ihn, ob er denn glaubte, dass ich so blöd wäre und nicht merken würde, dass da was am Laufen war. Jedoch bestritt er es, aber ich wusste genau, dass er mich anlog, ganz genau.

Was mich an meinem Freund auch noch störte, war, dass er dem Alkohol sehr zuspach, und das jeden Abend. Er trank alles durcheinander, Bier, Wein und Schnaps. Für mich war er bereits Alkoholiker, das hatte ich ihm auch mehrfach gesagt. Aber wie seinesgleichen so sind, sie selbst gestehen sich das nicht ein. Nachdem ich ihn als Alkoholiker bezeichnet hatte, versteckte er sogar die Flaschen vor mir, die er am Abend getrunken hatte. Als ich das feststellte, war ich mir zu 100 Prozent sicher, dass er Trinker war, denn das machten wirklich nur Menschen dieses Schlages.

Ich hatte mit Alkohol ein echtes Problem. Jedoch dachte mein Freund nicht im Traum daran, mit dem Trinken aufzuhören, was ich auch sagte und wie oft ich es auch sagte.

Ich war nun gespannt, wann er endlich zugeben würde, dass er eine neue Freundin hatte. Dann kam der Tag, an dem er mir erzählte, er würde ein paar Tage zu einem guten Freund fahren, da er mal den Kopf frei bekommen müsse. Ich wusste sofort, dass er zu dieser Frau fahren würde. Er war nur zu feige, es mir zu sagen, und genauso war es dann auch.

Während er weg war, sollte ich mich um seine Pension, die er führte, kümmern. Und so dämlich, wie ich war, tat ich das auch noch, denn seine Pensionsgäste konnten schließlich nichts für sein Verhalten.

Allerdings begann ich in diesen Tagen, mir in der Nähe meiner Heimat eine Ferienwohnung zu suchen, um vorübergehend dorthin zu ziehen, bis ich eine eigene Wohnung hatte. Denn dieses Spiel hier machte ich ab jetzt ganz sicher nicht mehr mit.

Als mein Freund bei dieser anderen Frau war, fiel bei einem Pensionsgast die Heizung aus. „Auch das noch!“, dachte ich, und natürlich war ich technisch gänzlich unbegabt. Daher musste ich meinen Freund anrufen. Er ging erst einmal nicht an sein Telefon, rief mich aber fünf Minuten später zurück. Er erklärte mir, was ich wegen der Heizung machen konnte, und ich ärgerte mich über mich selber, dass ich wieder mal den Idioten spielte, während er sich mit seiner Neuen vergnügte. Der Pensionsgast und ich brachten dann zusammen, nach Anweisung von meinem Freund, die Heizung wieder zum Laufen.

Als man Freund wieder von „seiner Tour" zurück war, sagte ich ihm direkt ins Gesicht, dass ich wisse, das er bei dieser neuen Frau gewesen wäre, er sollte es endlich zugeben. Er war in Hochstimmung, also schien mit ihr alles bestens zu laufen. Jedoch bestritt er meine Vermutung. Trotzdem war ich mir sicher, dass es so war.

An diesem Abend kam ich dann aus irgendeinem Grund früher mit Wuffi vom Gassigehen zurück. Mein Freund bekam nicht mit, dass wir schon zurück waren. Leise schlich ich vom Keller, in dem ich mich immer nach unserem Spaziergang umzog, die Treppe hinauf nach oben, weil ich ihn reden hörte. Also versteckte ich mich zwischen Flur und Küche. Er telefonierte in der Küche, und ich hörte zu, was er mit seiner neuen Freundin am Telefon sprach. Er sprach mit ihr gerade über den Sex, den sie gehabt hatten, als er bei ihr war. Da platzte mir dann endgültig der Kragen. Ich ging in die Küche, stellte mich vor ihn und unterbrach ihn während des Telefongesprächs. Ich fragte ihn ganz laut, warum er denn nicht endlich zugeben würde, dass er eine neue Freundin hätte, obwohl er sie gerade am Telefon hätte und mit ihr über Sex spräche. Daraufhin legte er ohne ein weiteres Wort einfach den Hörer auf.

An diesem Abend eskalierte dann alles zwischen meinem Freund und mir. Er betrank sich, schrie herum, ich sollte mich aus seinem Wohnzimmer begeben, er wollte seine Ruhe haben, sonst würde er mich rauswerfen. Er wurde total aggressiv, wie Alkoholiker nun mal sind. Selbst mein Hund, der im Wohnzimmer lag, ergriff bei so viel Aggressivität von meinem Freund die Flucht und legte sich in die Küche. „Ich ziehe aus!“, sagte ich zu ihm, ging nach oben und fing an, alles zu packen. „Mach das!“, schrie er mich an „und sieh zu, dass du hier rauskommst!“

„Was ist das nur für ein Mensch?“, fragte ich mich, „ist das überhaupt ein Mensch?“

Während dieses heftigen Streits warf er mir noch vor, dass schließlich er mich nach Erlangen in die Klinik gefahren hätte, da ich sonst niemanden für die Tour dahin gefunden hätte. Ich hatte gar nicht gewusst, das ich mir jemand hätte suchen sollen, der mich nach Erlangen fährt, das war mir ganz neu. Ich dachte immer, in einer Beziehung wäre das normal, dass der Freund die Freundin oder umgekehrt in die Klinik fuhr, wenn es notwendig war. Dieser Mensch hatte wirklich keinerlei Ahnung, was ein „Wir“ in einer Beziehung bedeutete. Seine Frau hatte ihn verlassen, weil er für sie ein Narzisst gewesen war, und genauso sah ich ihn jetzt auch. Er schrie mir auch noch entgegen, dass ich zu faul gewesen wäre, seine Küchenschränke auszuwischen. Das traute er sich zu sagen, nachdem er sie schon verdrecken ließ, seit er alleine dort wohnte.

Ich wusste die ganze Zeit, dass er das von mir erwartete, auch wenn er es nie ausgesprochen hatte, und ich hatte recht behalten. Obwohl ich krank war, sollte ich seiner Meinung nach trotz-dem alles machen. Dieser Mann hatte mir jetzt wirklich den Rest gegeben. Ich wollte niemals wieder mit auch nur irgendeinem Mann etwas zu tun haben. Ich wollte ab jetzt nur noch für meinen Hund leben. Das Thema „Mann“ war für mich endgültig erledigt. Lieber blieb ich in Zukunft alleine, da musste ich wenigstens nur für mich selber und meinem Hund sorgen.

Das war mir wegen meiner Krankheit wirklich genug.

Während ich anfing, die Kisten mit meinen Sachen von oben nach unten zu schleppen, kam er total alkoholisiert und torkelnd aus dem Wohnzimmer, stellte sich unten an den Treppenabsatz und rief mit einer nicht zu überhörenden Arroganz in seiner Stimme zu mir hoch. „Ich würde dir ja helfen, aber dann musst du mich schon schön darum bitten!" Daraufhin drehte er sich um und wankte zurück ins Wohnzimmer.

Er glaubte doch wohl selbst nicht, dass ich ihn darum bitten würde, und wenn ich hier samt dem Gedöns die Treppe runterfallen oder vor Anstrengung zusammenbrechen würde. Das wäre das Letzte, was ich tun würde: ihn darum bitten, mir zu helfen. Wirklich das Letzte.

Nachdem ich das meiste meiner Sachen in Kisten gepackt und ganz alleine nach unten getragen hatte, was mich wirklich enorm Kraft und Luft kostete, setzte ich mich völlig erschöpft erst einmal in die Küche, um wieder zu mir und zur Ruhe zu kommen und neue Kraft zu tanken. Durch diese Schlepperei, treppauf, treppab, war ich wirklich mehr als auch nur erschöpft. Stellenweise bekam ich kaum mehr Luft, bekam Kreislaufprobleme und mir wurde total übel, es war ganz schlimm. Mein Freund, ab sofort Exfreund, war so betrunken, dass er im Wohnzimmer auf der Couch eingeschlafen war.

Während seiner Abwesenheit hatte ich eine Ferienwohnung gefunden, diese angeschrieben und um ein günstiges Angebot gebeten. Es musste natürlich eine Ferienwohnung sein, die für mich bezahlbar war und die ich längere Wochen nutzen konnte. Die Vermieter dieser Ferienwohnung hatten mir ein gutes Angebot gemacht, und ich wollte dieses Angebot nun annehmen. Mein Hund lag noch in der Küche. Das arme Tier, das musste was mitmachen.

Am nächsten Tag sagte ich zu meinem Exfreund, dass mir eingefallen wäre, dass ich die Untersuchung in Magdeburg hatte, und fragte ihn, ob wir uns nicht wie zwei erwachsene Menschen benehmen könnten. Mein Exfreund meinte, dass er das genau so sehe. Ich sollte die Untersuchung hinter mich bringen, und dann würde er mich sogar mit Sack und Pack in die Ferienwohnung, von der ich ihm erzählt hatte, fahren. Seine neue Freundin wohne sowieso in derselben Richtung, da könnte er mich mitnehmen.

Die folgenden Tage, die ich bei meinem Freund noch ausharren musste, waren für mich echt schlimm, auch wenn es nun friedlich zuging und es nicht mehr eskalierte. Ich wollte einfach nur noch weg, nur noch weg. Ich konnte das hier alles einfach nicht mehr ertragen, den ganzen Osten nicht mehr. Außerdem war ich durch die Anstrengung in einem körperlich schlechten Zustand.

Endlich kam der Tag der Untersuchung meiner Lunge in Magdeburg. Das Schöne bei den Magdeburger Ärzten war, dass man dort das Ergebnis sofort nach der Untersuchung bekam.

Mein Exfreund fuhr mich also zur CT in die Magdeburger Praxis. Ich musste dort nicht lange warten, denn auch in Magdeburg machte man die Untersuchung mit Kontrastmittel. Als dieses in meine Vene lief, musste ich mich auf einmal übergeben. Die Schwester holte schnellstmöglich eine Auffangschale für mein Erbrochenes, das Personal ließ mich einen Moment lang wieder aufstehen und schob mich dann erneut in die Röhre. „Wir lassen das Kontrastmittel jetzt sehr langsam einlaufen. Und wenn etwas ist, bitte sofort Bescheid sagen, dann brechen wir ganz ab“, sagte die Schwester zu mir.

Beim zweiten Versuch, mir das Kontrastmittel zu spritzen, klappte es, und alles ging gut. Dennoch hatten sie meinem Exfreund Bescheid gesagt, dass er mich in das Wartezimmer begleiten sollte, falls ich umfallen sollte oder mir wieder schlecht werden würde. Er kam und begleitete mich ins Wartezimmer.

Nach ungefähr einer halben Stunde Wartezeit rief mich der Arzt in sein Sprechzimmer. Mein Exfreund begleitete mich wieder. „Bitte setzen Sie sich“, sagte er zu uns. Er nahm sich meine Akte, guckte sich die aktuellen Röntgenbilder an und sagte zu mir: „Also ich muss schon sagen, wenn ich mir hier Ihre Akte anschaue und Ihren Krankheitsverlauf sehe, dann sind Sie für mich ein echtes medizinisches Wunder. Ich kenne niemanden, der mit diesem bösartigen Krebs so lange überlebt hat wie Sie, geschweige denn jemanden, der diesen Krebs überhaupt überlebt hat.“

„Na danke“, sagte ich zu ihm. „Ich bin nur ehrlich“, entgegnete er. „Es nutzt nichts, einem Patienten etwas vorzumachen.“ Ich mochte diesen Arzt irgendwie, auch wenn er so brutal direkt war. „Auf den Röntgenbildern ist dieses Mal nichts zu sehen“, sagte er nun. „Es ist also im Moment alles in Ordnung. Dann bis zum nächsten Mal“, sagte er. „Und wenn etwas ist, können Sie sich jederzeit bei mir melden.“ Ich dankte ihm, stand auf, gab ihm die Hand, und wir verließen das Arztzimmer.

„Na siehste“, sagte mein Exfreund draußen, „wenigstens etwas Positives.“

„Dann kann ich jetzt die Ferienwohnung mieten und bei dir ausziehen“, sprach ich zu ihm. „Ja“, sagte er, „wir fahren dann am Wochenende.“

Ich hatte die Ferienwohnung ab dem Wochenende nach der Untersuchung für sechs Wochen angemietet. Ich hoffte sehr, in diesen sechs Wochen eine eigene Wohnung zu finden. Die Worte des Arztes klangen noch in meinen Ohren, dass ich ein medizinisches Wunder für ihn wäre. Das erschreckte mich schon etwas. Also ging er wohl davon aus, dass dieser Krebs auf jeden Fall bösartig enden würde. Das hieß, die nächsten zwei Jahre einfach mal abzuwarten. Denn es hatte auch zwei Jahre gedauert, bis der Krebs das zweite Mal wieder da war. Man musste fünf Jahre ohne Krebs sein, erst dann galt man als geheilt.

Jetzt würde es aber erst einmal in Richtung Heimat gehen. Ich freute mich total, endlich aus dem Osten und auch von meinem Exfreund wegzukommen. Endlich, endlich wieder zu Hause in meiner Heimat! Was ich in meiner Freude darüber vergaß, war die Tatsache, dass ich mich und meine Krankheit stets überallhin mitnahm, egal wohin ich ging.

Endlich frei

Am Wochenende war es endlich so weit. Wir hievten alle meine gepackten Kisten in den Wagen von meinem Exfreund. Ich hatte nur das Nötigste und für mich Wichtigste eingepackt, alles andere blieb hier.

Nichts Vergangenes wollte ich mehr mit in die neue Zukunft nehmen. Nichts sollte mich an die Zeit im Osten erinnern. Selbst mein Schlafzimmer, das ich mit hierhergebracht hatte, ließ ich zurück. Ich wollte ganz neu anfangen, ganz neu. Bezüglich meines Hundes gab es keinerlei Diskussion, bei wem er bleiben würde. Er war definitiv mein Hund. Ich hatte ihm noch am Vorabend etwas zu fressen gegeben.

Mein Hund hasste Autofahren und übergab sich jedes Mal. Selbst wenn er nichts gefressen hatte, dann kotzte er eben nur Galle. Autofahren war einfach nicht sein Ding. Als Wuffi und ich endlich im Auto saßen, drehte ich mich um und sagte zu mir selbst, „Ihr! Ihr seht mich hier ganz sicher nicht wieder, ganz sicher nicht!“ Endlich weg aus dem Osten, wo ich so viel Leid erfahren hatte. Das Einzige, was ich von hier mitnahm, war mein Hund. Es gab definitiv nichts und niemanden, was mir den Abschied schwer gemacht hätte. Im Gegenteil, ich fühlte mich wie befreit von meinem Exfreund. Auf der Fahrt zur Ferienwohnung sprachen wir kaum ein Wort, was mir sehr recht war, so gab es auch keinen Streit.

Als wir an der Ferienwohnung angekommen waren, luden wir gleich alle meine Sachen aus und trugen alles hinein. Die Ferienwohnung lag im Hochparterre. Das gefiel mir nicht ganz so gut wegen des Treppensteigens, aber es war nur für sechs Wochen. Die Vermieterin hatte den Schlüssel für die Ferienwohnung in den offenen Briefkasten geworfen. Sie selbst wollte am Abend darauf zu mir kommen. Sie war mit ihrer Familie ein paar Tage weggefahren.

Dann kam der große Moment: Mein Exfreund verabschiedete sich von mir und wünschte uns alles Gute. Wir umarmten uns noch mal, dann stieg er ins Auto und fuhr davon. Nun waren mein Hund und ich frei, endlich frei. Frei von Streit und Stress. Frei von Zwängen, etwas tun zu müssen, was man nicht tun wollte und phasenweise auch einfach nicht konnte. Einfach frei von allem, was für mich in den letzten zwei Jahren zur

Belastung geworden war.

Die Ferienwohnung gefiel mir auch in Natura gut. Sie hatte mir schon im Internet gut gefallen, aber im Original gefiel sie mir noch mehr, sie war echt schön. Ich mochte Holzmöbel schon immer sehr. Es war ein helles Holz, was die Wohnung ausmachte. Ich umarmte meinen Hund. „Endlich, endlich, kleiner Rabauke, sind wir nur für uns, für uns ganz alleine. Nun musst du keine Angst mehr vor jemandem haben“, sprach ich zu ihm. Mein Hund hatte seine Angst vor meinem Exfreund nie abgelegt, in der ganzen Zeit, die er schon bei uns war, nicht. Stets hatte er sich vor ihm versteckt, und auch das war jetzt endlich vorbei. Es tat so unendlich gut, das tun und lassen zu können, was man selbst wollte – und nicht, was andere von einem erwarteten, trotz schwerer Krankheit.

Noch am selben Abend ging ich dort eine kleine Runde mit meinem Hund spazieren. Dort war Natur pur. Ich liebte die Natur, die Wälder, die Bäume, Wiesen und Felder. Hier in der Natur kam meine Seele zur Ruhe, zumindest an diesem Abend.

Ich hatte mich extrem und wirklich sehr extrem seit meiner Krebserkrankung verändert. Nach meinem Empfinden zum Negativen. Ich hatte an nichts mehr Freude, außer an meinem Hund. Man konnte mich unwahrscheinlich schnell auf „180" bringen, wenn jemand etwas sagte, was mir nicht gefiel. Ich wollte am liebsten nur für mich sein, außer mit meinem Hund natürlich. Er war mein ganzer Lebensinhalt. Die Menschen hasste ich immer mehr und mehr.

Vor meiner Krankheit hatte ich trotz allem öfter gelacht, jetzt wusste ich gar nicht mehr, wie Lachen überhaupt noch ging. Ich konnte mich absolut nicht daran erinnern, wann ich seit meiner Krebserkrankung mal so richtig herzhaft gelacht hatte. Ich war so ernst geworden. Klar hatte ich vor meiner Erkrankung auch ab und zu mal depressive oder schlechte Tage, aber es waren auch viele Tage dabei, an denen ich Spaß hatte und lachen konnte. All das gab es in meinem Leben nicht mehr. Oft war ich nur noch depressiv und aggressiv. So, wie ich jetzt war, kannte ich mich selbst nicht wieder.

In der Ferienwohnung fühlte ich mich sehr wohl. Mein Hund schlief jetzt nachts stets neben meinem Bett. Das gefiel mir sehr. Bei meinem Exfreund musste er unten im Wohnzimmer schlafen. Wir, mein Hund und ich, gingen von der Ferienwohnung aus, wie auch im Osten, jeden Morgen und jeden Nachmittag unsere Gassirunden. In der Zeit dazwischen suchte ich im Internet nach Wohnungen.

Meine eigene Wohnung

Nach drei Wochen des Suchens nach einer Wohnung im Internet kam dann endlich der Tag, an dem wir eine Wohnungsbesichtigung hatten. Die Wohnung war in Hessen. Es war eine Zweizimmerwohnung, direkt am Wald gelegen, im Erdgeschoss mit Terrasse. Das klang alles recht gut, und sie war bezahlbar.

Es hatte so lange gedauert, eine Wohnung zu finden, weil ich mir eben durch diese popelige Erwerbsminderungsrente, die ich bekam, keine teure Wohnung leisten konnte. Es war auch nichts Erspartes da, auf das ich hätte zurückgreifen können. Außerdem hätte das sowieso nichts gebracht, da es irgendwann aufgebraucht gewesen wäre und ich die Miete trotzdem hätte zahlen müssen. Es ärgerte mich noch immer maßlos, das ich 32 Jahre Vollzeit gearbeitet hatte und jetzt, da ich krank war, hatte ich nichts davon.

Ich fuhr mit dem Taxi zu dieser Wohnung. Es war eine Massenbesichtigung, was ich vorher nicht wusste, und das passte mir schon wieder überhaupt nicht. Anfangs wollte ich sofort wieder umkehren. Aber dann dachte ich: „Nein, ich bin jetzt hier, und ich schaue mir die Wohnung wenigstens mal an.“ Gesagt, getan, und es war sowieso die einzige Wohnung, die ich im Moment in Aussicht hatte und bei der auch ein Hund erlaubt war. Natürlich war Wuffi dabei, denn der Makler wollte den Hund sehen, und so sollte ich diesen mitbringen. Wahrscheinlich wollte er feststellen, wie der Hund sich benahm, aber das war bei Wuffi sowieso kein Problem, den konnte man wirklich überallhin mitnehmen, da er stets so brav war.

Wir wuselten uns also durch die Massen von Menschen durch die Wohnung. Mir war die Wohnung etwas zu dunkel. Außerdem ging ich überhaupt nicht davon aus, dass gerade wir, mein Hund und ich, diese Wohnung bekommen sollten, wo doch so viele Menschen sie haben wollten.

Nachdem ich alles gesehen hatte, sagte der Makler, dass ich mich bitte in den nächsten Tagen bei ihm melden sollte, falls ich Interesse an der Wohnung hätte.

Ich wollte noch mal eine Nacht darüber schlafen, und ich überlegte noch zwei Tage. Aber da nur diese Wohnung für uns in Aussicht stand, entschied ich mich, dem Makler zu schreiben, dass ich daran interessiert wäre, die Wohnung zu bekommen. Und so machte ich es auch. Es brachte im Moment nichts, weiter im Internet nach Wohnungen zu suchen, da die Zeit der Ferienwohnung in zwei Wochen abgelaufen war. Länger konnte ich diese auch nicht mieten, denn der Eigentümer hatte sie nach mir bereits weitervermietet. Deshalb war für diesen Moment meine Entscheidung richtig, dem Makler zu schreiben.

Zu meinem Erstaunen schrieb mir dann der Makler nach circa drei Tagen zurück, dass der Vermieter entschieden habe, dass ich die Wohnung bekommen sollte. Das überraschte mich wirklich, denn bei diesen vielen Menschen hatte ich in keiner Weise mit dieser Entscheidung gerechnet.

Das Angewiesensein auf andere machte mir sehr zu schaffen. Vor meiner Krebserkrankung war ich stets auf mich selbst gestellt und konnte alles selbst für mich regeln, organisieren und auch überall selbst hinfahren. All das war seit meiner Krankheit vorbei. Durch meine tauben Füße und Beine war ich nicht mehr in der Lage, ein Auto zu fahren. Und wie es den Anschein hatte, würde sich daran auch nie wieder etwas ändern. Es war noch alles so, wie es mit der Chemo begonnen hatte. Manchmal taten mir am Abend die Beine so weh, dass ich hätte weinen können. Hätte ich am Abend dann keine Morphium-Tablette genommen, hätte ich die ganze Nacht nicht schlafen können. Denn irgendwann ging dieses Kribbeln in den Füßen und Beinen in totale Schmerzen über, und dann war an Schlafen nicht mehr zu denken. Auch in meinen Händen bitzelte es noch immer, und ich hatte dieses Taubheitsgefühl.

Dieses Behindertsein machte mir extrem zu schaffen, und das spiegelte sich auch in meinem Wesen wieder. Ich war manchmal ganz schön aggressiv anderen Menschen gegenüber. Ich wollte mich mit dieser, meiner Behinderung, einfach nicht abfinden. Es störte mich, auf andere ange-wiesen zu sein, nicht mehr selbst einkaufen gehen zu können, nicht mehr selbst irgendwohin fahren zu können. Nichts konnte ich mehr selbst tun! Entweder fuhr ich mit dem Taxi, oder ich blieb zu Hause. Ich entschied mich für die zweite Variante. Auch das ging mit der Zeit auf die Psyche.

Nachdem ich also den Mietvertrag für meine neue Wohnung unterschrieben hatte, ging ich dazu über, im Internet alles einzukaufen, was ich brauchte. Ein Wohnzimmer, ein

Schlafzimmer, Sachen für mein Bad, einen Fernseher et cetera. Durch die Möbelhäuser konnte ich nicht stiefeln. Ich kam wegen meiner Behinderung nirgendwo mehr selbstständig hin.

Ich hatte im Osten etwas Geld ansparen können und konnte mir daher nun alles neu kaufen. Das Alte hatte ich im Osten zurückgelassen. Ich wollte mit allem ganz von vorne und ganz neu beginnen. Dazu gehörte auch meine Wohnungseinrichtung. Ich fuhr mit einem Taxi die Läden ab, doch konnte ich auch nicht immer ein Taxi in Anspruch nehmen, und das wollte ich auch nicht.

Es war für mich schwer genug, mit dem wenigen Geld klarkommen zu müssen.

Dann endlich, nach sechs Wochen, war es so weit. Mein Hund und ich zogen in unsere neue Wohnung. Die Möbel sollten genau am Einzugstag kommen, das Wohnzimmer wie auch das Schlafzimmer.

Die Firma, bei der ich die Möbel bestellt hatte, ließ auch alles aufbauen. Ich selbst konnte kaum etwas tun. Meine körperliche Verfassung war für Umzüge nicht mehr geeignet. Sobald ich mich anstrengte, bekam ich Luftnot und war extrem schnell erschöpft.

Die Terrasse und der Garten zu dieser Wohnung waren zum Glück eingezäunt, also konnte mein Hund zu jeder Zeit raus, wann immer er es wollte. Ich hatte zwei Tage zu tun, bis in meiner Wohnung alles an seinem Platz stand. Ich war froh, als ich alles erledigt hatte.

Nun war ich also in meiner neuen Wohnung und Umgebung angekommen. Was würde nun der Neuanfang bringen? Würde ich nun glücklicher werden? Würde ich hier Freunde finden? Die Natur rundherum war wunderschön. Es gab enorm viel Wald, Wiesen und Felder. Ich konnte zur Tür rausgehen und meinen Hund einfach loslaufen lassen, das gefiel mir wirklich gut. Das war das, was ich mir für meinen Hund gewünscht hatte. Er sollte seine Freiheit ohne Leine genießen können, und das war hier gegeben.

Was ich allerdings nicht bedacht hatte, war die Tatsache, dass es hier total bergig war. Jeden Tag quälte ich mich jetzt mit meinem Hund die Waldwege nach oben. Hier zu wohnen wurde mir immer mehr zu Qual. „Diese Scheißberge!“, schimpfte ich nun auf meinen Spaziergängen mit Wuffi jeden Morgen und Abend.

Nach dem Aufstehen am Morgen machte

ich mir meinen Kaffee, frühstückte, ging danach ins Bad, wusch mich, putzte meine Zähne und zog dann den Rollladen vom Wohnzimmer hoch. Bis ich das alles hinter mir hatte, war ich schon total kaputt. Den Rollladen im Schlafzimmer ließ ich nach ein paar Wochen immer unten. Wenn ich doch mal beide Rollläden hochgezogen hatte, war ich schon fix und fertig, bevor ich überhaupt mit meinem Hund loslaufen konnte. Dann nahm ich meine Medikamente und zog mich an. Wenn ich dann bei meinen Schuhen angelangt war, musste ich mich zum Schnürsenkelbinden immer nach unten beugen, und wenn ich dann wieder hochkam, war es mit meiner Luftnot ganz extrem. Und das jeden Morgen und jeden Nachmittag aufs Neue. Ich musste dann immer erst einmal tief ein- und ausatmen, bevor ich überhaupt wieder aufstehen konnte, um dann meinem Hund das Halsband anzulegen. Wieder atmete ich tief durch, immer und immer wieder, in der Hoffnung, mehr Luft zu bekommen. Doch leider passierte nichts, rein gar nichts. Es blieb immer die gleiche Anstrengung.

Dann ging ich mit meinem Hund los, wir gingen trotz Anstrengung am Morgen die längste Runde. Das waren immer zwischen anderthalb und zwei Stunden. Es gab Tage, da wurde mir wegen dieser ständigen Steigungen unterwegs schlecht vor Anstrengung. Trotzdem ging ich meinem Hund zuliebe diese Runden. Es war für mich sehr wichtig, dass er seinen Auslauf hatte und dass er glücklich war.

So zogen auch hier nun die Monate ins Land. Jeden Tag das Gleiche, jeden Tag der gleiche Ablauf. Mit den Menschen hier im Dorf kam ich überhaupt nicht klar. Die waren so was von arrogant, eingebildet und böse. Sie behandelten einen wie den letzten Dreck. Sie grüßten nicht einmal. Mindestens fünfmal hatte ich den Großbauern schon gegrüßt, der sah jedoch über meinen Hund und mich hinweg, als wären wir gar nicht vorhanden. Nachdem er mal ganz nah an uns vorbeiging, ohne dass er uns wahrnahm, beschloss ich, diesen Menschen ganz sicher nicht mehr zu grüßen.

Wie mein Hund und ich dann mal über seine Wiese liefen, kam dieser Bauer gerade mit seinem Traktor angefahren. Er hielt direkt neben uns und schrie mich an, was mir einfallen würde! Wo ich hintreten würde, würde nichts mehr wachsen. Ich hätte keinerlei Respekt vor anderer Menschen Besitz. Ich dachte, jetzt wäre er völlig übergeschnappt. Woher sollte ich denn wissen, dass das seine Wiese war. Mir hatte ein anderer Bauer aus einem anderen Dorf mal erklärt, dass man über jede Wiese laufen darf, wenn sie gemäht ist. Also hatte ich mir darüber gar keine Gedanken mehr gemacht, wenn ich über eine gemähte Wiese gelaufen bin. Hier schienen wirklich nur arme Irre zu leben. Oder war ich die Irre?

Trotz allen Hasses auf Menschen war ich noch immer sehr sensibel. Zu Hause angekommen, weinte ich, nachdem dieser Drecksack von Bauer mich angeschrien hatte, bitterliche Tränen. Ich stellte mir in meinem Hass auf diesen Bauern vor, wie ich ihm ein Messer ins Herz rammte und er jämmerlich verblutete. Ich schaue dabei zu und verspüre keinerlei Mitleid mit diesem Bastard.

Irgendwann sprach mich dann eine Frau mit Hund aus dem Nachbardorf an, als ich mit Wuffi unterwegs war. Sie verabredete sich mit mir zum Gassigehen, und ich freute mich schon, nun endlich doch Kontakt zu finden. Jedoch versetzte sie mich einfach und kam nicht zur verabredeten Zeit. Beim ersten Mal hatte ich noch darüber hinweggesehen und verabredete mich noch mal mit ihr, als ich sie wieder einmal mit ihrem Hund traf. Aber auch dieses Mal versetzte sie mich wieder. Als ich sie dann wieder traf, sagte ich ihr meine Meinung dazu. Sie entgegnete mir daraufhin doch tatsächlich, ich sei aber sehr empfindlich, denn ich würde doch sowieso mit meinem Hund Gassi gehen. Ich fand das echt eine Frechheit, und damit war dieser Person für mich erledigt.

Eine weitere Frau aus unserem Dorf sagte einmal zu mir, dass sie so gerne mal mit uns mitlaufen würde und ob ich etwas dagegen hätte. Von mir aus konnte sie gerne mitgehen. Und was war wieder das Ende vom Lied? Bis heute war die Frau nicht hier bei uns gewesen. Und das war jetzt schon ungefähr neun Monate her. Zweimal habe ich sie allerdings in den vergangenen Monaten unterwegs gesehen, wie sie alleine spazieren lief.

Ich verstand diese Menschen hier nicht, waren das überhaupt Menschen? Das trug natürlich nicht gerade dazu bei, dass es mir psychisch besser ging. Im Gegenteil. Ich bekam immer mehr Hass auf alle Menschen. Immer mehr und immer mehr. Durch das Verhalten dieser Menschen hier veränderte ich mich noch mehr in meinem Wesen und wurde immer aggressiver.

An einem ganz schlechten Tag hatte ich mir in meiner Phantasie sogar einmal vorgestellt, wie ich einer total arroganten, bescheuerten Frau hier aus dem Dorf die Kehle zudrücke, bis sie endlich für immer ihre Fresse hielt. Diese Frau hatte mich an einem Tag gleich zweimal einfach so stehen lassen, hatte über mich hinweggesehen, so als gäbe es mich gar nicht.

Sie hatte seit Neuestem auch einen Hund, und anfangs hatte sie nichts dagegen, dass unsere beiden Hunde miteinander spielten. Doch dann auf einmal wollte sie das nicht mehr. Ich wollte ihr an diesem Tag nur erklären, dass das nicht richtig wäre, wenn man die Hunde nicht zusammen lasse. Sie drehte sich einfach zu ihrem Hund weg und tat so, als wäre ich überhaupt nicht vorhanden. Und das Ganze gleich zweimal an einem Tag, denn ich war so doof und wollte am Nachmittag, als ich sie mit ihrer kleinen Hündin wieder traf, noch mal mit ihr reden. Doch auch beim zweiten Mal ignorierte sie mich einfach, als sei ich Luft, als gäbe es uns überhaupt nicht. In dem Moment stieg so viel Hass in mir auf, ich hatte endgültig die

Nase voll von diesem dreckigen Menschenpack. Nie war ich vor meiner Krebserkrankung so gewesen wie in dieser Zeit, niemals so aggressiv.

Der Krebs hatte einfach mein ganzes Leben verändert, auf den Kopf gestellt, hatte mich als Mensch zum absolut Negativen verändert und zu einem Wrack degradiert. Ich wollte einfach nur noch sterben, die Augen zumachen, für immer und endlich meine Ruhe und meinen Frieden finden. Endlich nichts mehr sehen und nichts mehr hören von dieser beschissenen Welt. Men-schen waren das Schlimmste, was das Universum je hervorgebracht hatte.

Wenn ich am Morgen aufstand, dachte ich: „Scheiße, schon wieder so ein beschissener neuer Tag." Wenn mein Hund nicht gewesen wäre, wäre ich einfach nicht aufgestanden, keinen einzigen Tag mehr. Da ich aber ein sehr verantwortungsbewusster Mensch und vor allem schon immer sehr, sehr tierlieb war, stand ich natürlich für meinen Hund auf. Denn er musste raus, um sein Geschäft zu erledigen. Er brauchte seinen Auslauf, und er konnte für all das, was mir widerfahren war und mir noch immer widerfährt, nichts. Trotzdem wünschte ich mir, ich würde mich am Abend ins Bett legen, die Augen zumachen und niemals wieder aufwachen.

Ich weiß nicht, was ich diesen Menschen hier getan hatte, dass sie mich so behandelten. Ich grüßte hier niemanden mehr, außer wenn derjenige mich zuerst grüßte. Auch gab es hier einen älteren Mann, der uns immer beschimpfte, wenn er uns traf, obwohl wir auch ihm nie etwas getan hatten. „Na?", sagte er dann stets zu mir, „führen Sie schon wieder ihren Dreckshund spazieren und lassen die Scheiße von ihrem Drecksvieh überall liegen?" Ich antworte nichts darauf und ging mit meinem Hund weiter. Derlei Demütigungen musste ich mir hier von diesem Dreckspack anhören. Ich machte den Hundekot von meinem Hund immer weg, außer im Wald. Der Mann be-schimpfte mich permanent, wenn er uns traf.

Seitdem wollte ich nur noch weg von hier, nur noch weg. Doch mit meinem Hund eine Wohnung zu finden, die auch bezahlbar war, war leider nicht so einfach. Wohnungen gab es genug, doch sie mussten auch bezahlbar sein. Obwohl ich 32 Jahre Vollzeit gearbeitet habe, bekam ich eben nur eine lächerliche Erwerbsminderungsrente.

Auch gab es hier keine Einkaufsläden, rein

gar nichts. Ich war immer auf andere angewiesen, und auch das machte mir immer und immer wieder sehr zu schaffen. Einmal im Monat fuhr ich mit meiner Schwester einen Großeinkauf machen. Teilweise bestellte ich auch im Internet, aber die Lebensmittel im Internet waren doch oft recht teuer im Verhältnis zu meinem lächerlichen Einkommen. Hier in diesem Dorf lag wirklich der Hund begraben.

Ich brauchte eine Wohnung, von der aus Einkaufsläden nicht weit weg waren und vor allen Dingen, bei der die Gegend drumherum eben war, so dass ich keine Berge besteigen musste. Und ich brauchte eine Wohnung, wo herzliche Menschen wohnten, sofern es denn überhaupt noch welche gab. Denn das, was hier lebte, bezeichnete ich definitiv nicht als Menschen. Bisher hatte ich leider noch keinen Erfolg mit einer anderen Wohnung, wie immer. Mir blieb in diesem be-schissenen Dasein wirklich rein gar nichts erspart. Wie lange ich das noch aushielt, ich wusste es nicht, ich wusste es wirklich nicht. Immer wieder fragte ich mich, worauf die Menschen sich hier etwas einbildeten. Sie hatten hier zwar alle ein Haus, aber es waren keine Prunkhäuser. Es waren stinknormale Häuser ohne Luxus. Also worauf bildete sich dieses Pack hier etwas ein?

Dann bekam ich auch noch eine heftige Erkältung. Wenn ich mit meinem Hund unterwegs war, kam ich durch die Anstrengung grundsätzlich ins Schwitzen. Wenn wir dann stehen blieben, da-mit ich Luft holen konnte, kühlte mein Körper wieder auf Normaltemperatur ab. Dadurch war ich einem ständigen Schwitzen und Abkühlen ausgeliefert. Diese Erkältung war ziemlich heftig.

Trotz 39 Grad Fieber einmal schleppte ich mich mit meinem Hund durch die Gegend, denn er musste ja sein Geschäft erledigen. Und als wir zurück waren, war mir so schlecht, dass ich die Tür meiner Wohnung gerade noch aufgeschlossen bekam und mich sofort übergeben musste. Ich schaffte es nicht einmal mehr ins Bad, so schlecht ging es mir. Also musste ich auch noch den Boden putzen. Ich konnte das Erbrochene ja nicht liegen lassen. Dann legte ich mich ins Bett und hoffte auf Besserung.

Das Ganze ging ungefähr fünf Tage lang. Ich war so erschöpft und fertig, doch es war niemand da, der mir helfen konnte. In diesen fünf schweren Krankheitstagen traf ich unterwegs zufällig die Frau, die mit mir und meinem Hund einst spazieren gehen wollte. Sie schaute mich an und meinte zu mir: „Na, gesund sehen Sie nicht gerade aus!“, und ging einfach weiter. Ich war da wirklich anders.

Wir, mein Hund und ich, trafen manchmal unterwegs einen älteren Herrn mit seiner Hündin. Er war bereits 86, aber eigentlich noch recht rüstig. Wie dem auch sei. Auf einem Spaziergang von uns sah ich ihn oberhalb von uns mit seiner Hündin laufen und dann auf einmal nicht mehr. Wir hatten schon eine größere Runde hinter uns. Trotzdem war ich total besorgt, als ich den Opa oberhalb von uns nicht mehr sehen konnte. Ich dachte noch: „Oje, jetzt können wir auch noch ganz außen herum laufen, denn wer weiß, ob der Opa dort oben liegt und sich nicht mehr rühren kann.“ Ich war wirklich schon selbst fertig von unserem Spaziergang, aber ich hätte nie nach Hause gehen können, ohne dass ich gewusst hätte, dass mit dem Opa alles okay war. Wir trafen ihn dann doch noch an der üblichen Abzweigung. Ich war erleichtert und sagte zu ihm: „Gott sei Dank, dass ich Sie sehe, ich dachte schon, jetzt müsste ich Ihretwegen noch weiterlaufen, obwohl ich eh schon so fertig bin.“ Beruhigt ging ich mit Wuffi nach Hause.

Als ich so krank war, verschluckte ich mich einmal auch noch zusätzlich richtig heftig. Das war das erste Mal nach meiner Lungenoperation. Ich dachte wirklich, jetzt hätte meine letzte Stunde geschlagen. Ich hustete und hustete und versuchte krampfhaft, wieder Luft zu bekommen. Selbst mein Hund hob den Kopf und schaute mich erschrocken an. Es war so grauenhaft. Selbst sprechen konnte ich nach diesem Hustenanfall nicht mehr. Erst nach ungefähr 20 Minuten war wieder alles normal.

Mein Fieber wollte nicht runtergehen, und ich schleppte mich wirklich nur noch durch die Ge-gend. Ich schrieb daraufhin einem Bekannten, der arbeitslos war, ob er kommen könnte, ich war am Ende meiner Kraft angelangt. „Ich bezahle Dir auch alles“, schrieb ich ihm. Und netterweise kam er tatsächlich. Er sollte wenigstens mit Wuffi gehen, wenigstens das. Ich legte Wuffi das Halsband an und übergab ihn meinem Bekannten. Wuffi sollte nun mit dem Bekannten Gassi gehen. Wuffi war sehr auf mich fixiert. Mein Bekannter versuchte Wuffi, mit Leckerlis zu locken. aber mein Hund reagierte nicht. Dann versuchte er, Wuffi an der

Leine einfach mitzuziehen. So gelangten sie nach draußen.

Mein Bekannter berichtete mir später von ihrem Ausflug und wie stressig der ohne sein Frauchen war. Sie hatten den Weg zur Pension genommen, wo mein Bekannter übernachten wollte, wo sie für den Weg von hier bis zu dieser Pension eine Stunde gebraucht hatten. Normal schafften wir die Strecke von unserem Zuhause bis zu dieser Pension in gerade mal acht Minuten.

Am Nachmittag desselben Tages wollte mein Bekannter wieder mit Wuffi Gassi gehen. Ich stand am Fenster und schaute dem Schauspiel zu. Wuffi sträubte sich, und vor der Haustüre stemmte er sich mit allen vieren dagegen, mit meinem Bekannten zu laufen. Mein Bekannter gab irgendwann auf, und sie kamen wieder zurück. Daraufhin zog ich mich an, und wir gingen zu dritt los.

Am Abend suchte mein Bekannter alleine in die Pension auf und kam am nächsten Morgen wieder. Wieder probierte er mit Wuffi, Gassi zu gehen. Nein, er schaffte es wieder nicht. Also begleitete ich die beiden, obwohl es mir wirklich nicht gut ging. Wenn ich mich tagsüber schon mal ins Bett legte, dann war ich wirklich krank. Wir beschlossen, dass mein Bekannter wieder nach Hause fuhr, denn es brachte nichts, Wuffi wollte mit ihm nicht laufen.

Dieser Besuch hatte mir trotzdem geholfen. Er hatte nämlich für mich gekocht, aufgeräumt und mich, so weit er es konnte, im Haushalt unterstützt. Dadurch, das wenigstens das wegfiel, ging es mir dann nach zwei Tagen auch schon wieder besser.

Nun waren Wuffi und ich wieder den ganzen Tag alleine, endlich. Seit meiner Krebserkrankung konnte ich nur schwer jemanden um mich herum ertragen. Ich war am liebsten mit Wuffi alleine.

Übernachten durfte bei mir schon gar keiner mehr. Ich brauchte durch meine Krankheit und meine Behinderung mein Reich für mich ganz alleine.

Dieser Horrortrip mit Krankheit und Hustenanfällen brachte mich dazu, mir zu überlegen, dass Betreutes Wohnen für mich wohl das Beste sei. Denn noch mal wollte ich so ein Martyrium nicht mehr alleine durchstehen. Seit der Chemo dauerten solche Krankheitstage doppelt so lange und waren auch doppelt so schlimm. Nichts war mehr wie vorher. Also schaute ich mich jetzt nach einer Wohnung für Betreutes Wohnen um.

Von mehreren Immobilienmaklern ließ ich mir Unterlagen dazu zuschicken.

Leider konnte ich die Angebote für mich vollends vergessen. Denn deren Preis war für Normalsterbliche wirklich nicht zu bezahlen. Es war wieder mal, wie es immer für mich war und ist. Diejenigen, die Geld hatten, konnten sich alles leisten, und die, die keines hatten oder nur wenig, die konnten verrecken. Ich fragte mich wirklich, was die Menschen in ihrem Job verdient hatten, damit sie sich dieses teure Betreute Wohnen leisten konnten. Mein Bekannter, dem ich das am Telefon erzählte, sagte zu mir, dass das Lehrer, Beamte, Ärzte und Politiker seien, die sich so etwas leisten könnten, aber keine normalen Bürger, obwohl die auch ihr Leben lang gearbeitet hätten. Wie erbärmlich, einfach nur erbärmlich!

Ich quälte mich nun von einem Tag zum anderen. Es gab Tage, da hätte ich schreien können vor Schmerzen, vor Verzweiflung, vor Trauer, vor Einsamkeit, vor Hass und vor grenzenloser Wut auf meine Krankheit. Von Tag zu Tag nahm diese tiefe Aggression in mir zu. Also beschloss ich an einem Morgen, dass ich ab jetzt zusätzlich auch morgens eine Morphium-Tablette nahm, so dass ich endlich innerlich wieder ein bisschen zur Ruhe kam. Nun kam zu der Dosis am Abend diese dazu. Ich wurde jedoch dadurch ruhiger, war nicht mehr so aggressiv, aber noch immer genauso traurig, einsam und verzweifelt wie eh und je. Trotzdem war ich froh, dass meine Aggressionen dadurch nachließen. Ich bekam schon Angst vor mir selbst, so schlimm empfand ich das.

Wieder mal war es an der Zeit für eine Krebskontrolle in der Klinik. Dieses Mal jedoch fuhr ich nicht nach Erlangen. Das war mir einfach eine zu weite Tour. Ich machte einen Termin in der Klinik hier in der Nähe. Das Dumme an der Klinik war nur, das ich zwei Termine benötigte. Eine zur Untersuchung und eine zur Befundbesprechung. Meine Schwester fuhr mich zum vereinbarten Tag hin. Übrigens kam sie wenigstens einmal im Monat zu mir, wenn auch „nur" zum Einkaufen.

Die Ärztin, die mich dann in dieser Klinik betreute, war mir sehr sympathisch. Sie ließ auch noch den Port spülen, den ich seit meiner ersten Diagnose noch immer auf der rechten Seite trug.

In der Uniklinik Erlangen war dieser nie gespült worden. Nach der CT-Untersuchung musste ich dann vier Tage warten. Dann saß ich endlich bei der, mir sympathischen, Ärztin im Behandlungszimmer zur Befundbesprechung. Sie sah sich meine Akte an und sagte das Gleiche zu mir wie damals der Arzt im Osten. „Bei Ihrer Krankheitsgeschichte und deren Verlauf kann ich Ihnen nur sagen, dass Sie für mich wirklich ein absolut medizinisches Wunder darstellen." Ich musste lächeln, „Das Gleiche", sagte ich jetzt zu ihr, „hat ein Kollege von Ihnen, aus dem Osten, auch schon mal zu mir gesagt."

Nur, was hatte ich davon? Leben wollte ich sowieso nicht mehr, denn ein Leben war das für mich schon lange nicht mehr. Das sagte ich auch genau so zu dieser Ärztin. Auch erzählte ich ihr, wie beschissen es mir mit dieser Krankheit ginge. Und siehe da, das war endlich mal eine wirklich ehrliche Ärztin. Sie antwortete mir darauf: „Ich will Ihnen mal ganz ehrlich etwas sagen, den meisten Krebspatienten geht es so wie Ihnen."

Es stimmte also gar nicht, was ich manchmal so gehört und gelesen hatte, dass der Krebs eine Bereicherung wäre oder dass manche Menschen diesen Krebs so verharmlosten. „Nein!", sagte sie, „das stimmt nicht. Noch mal, den meisten Krebspatienten geht es so wie Ihnen." Das war zwar kein Trost für mich, aber es unterstrich für mich, dass all das, was ich tat und empfand, nichts mit mir persönlich zu tun hatte, sondern nur mit diesem Scheißkrebs. „Bei Ihrem Befund", unterbrach sie jetzt meine Gedanken, „ist alles in Ordnung. Nichts Negatives zu erkennen. Na dann", sagte sie, „bis zum nächsten Mal." Ich stand auf, gab ihr die Hand und ging nach draußen.

Gerne wäre ich einmal zu einem Psychologen gegangen. Die Krankenkasse bezahlte diesen zwar, aber leider bezahlte sie die Fahrt in die Praxis nicht. Dort, wo ich wohnte, fuhr ansonsten auch kein Bus. Nur, wenn sechs Personen zusammenkamen und natürlich am Morgen die Schul-kinder. Also blieb nur das Taxi, und das konnte ich mir absolut nicht leisten. Da kostete die einfache Fahrt von circa vier Kilometern zwischen 15 und 18 Euro. Das hatte mir der Taxifahrer gesagt, als ich mal bei der Taxifirma angerufen hatte. Das hätte mich also 30 Euro für hin und zurück gekostet. Das wäre für mich gar nicht möglich gewesen, denn das war das Geld, das ich für Lebensmittel für mich oder für Futter oder Medikamente für meinen Hund benötigte. Nein, das ging wirklich gar nicht. Also saß ich meistens in diesem beschissenen Dorf mit diesen bösen Menschen fest.

Auf die Idee, von hier wieder wegzuziehen, war ich längst gekommen. Nur musste die Wohnung auch bezahlbar sein, und Hundehaltung musste auch erlaubt sein, es musste das Erdgeschoss oder erster Stock sein, und diese Komponenten unter einen Hut zu bringen war mehr als schwierig.

Ich hoffte sehr, dass ich für uns bald eine passende Wohnung finden würde, denn mit den täglichen Anstrengungen bergauf, bergab, das war mir einfach zu viel. Manchmal war die Anstrengung so groß, dass mir unterwegs so übel wurde, dass ich mich fast übergeben musste. Das glich dann schon keinem Luftholen mehr, sondern bedeutete ein heftiges Röcheln nach Luft.

Ob es an einem anderen Ort anders sein würde, wusste ich nicht, denn meine Krankheit und mich nahm ich immer mit, egal wohin ich ging. Ich wünschte mir für mich, dass es etwas leichter sein könnte.

Manche Menschen meinten: „Es gibt Schlimmeres!“ So gesehen gab es immer Schlimmeres. Doch was sollte dieser, in meinen Augen selten dämliche Spruch einem Kranken bringen? Konnte dieser Spruch den Kranken trösten, ihn heilen, ihn glücklich machen, ihm Lebensfreude zurückgeben, ihn fröhlich stimmen? Nein, im Gegenteil. So ein Spruch zog einen noch mehr runter, wenn man auch noch gezwungen war, an all das Elend anderer zu denken, sofern man denn nicht emotional tot war.

Ein ehemaliger Bekannter von mir war Psychologe, den hatte ich in meiner Not mal angerufen, und der sagte einmal zu mir, dass diese Menschen, die solch einen Spruch zu einem Kranken sagen, sich wirklich was schämen sollten. Sie sollten erst einmal das erleben, was diese kranken Menschen durchmachen müssen, und erst dann könnten sie sich ein Urteil bilden.

Die nächste Krebskontrolle war ein halbes Jahr später. Die Ärzte wollten eigentlich, dass ich die Untersuchung alle drei Monate machen lasse, weil der Krebs bei mir bereits zum zweiten Mal ausgebrochen war, um rechtzeitig reagieren zu können. Aber ich hatte von allem genug, einfach genug. Von der ganzen Krankheit, von den Anstrengungen Tag für Tag, von den Schmerzen, von den Ärzten, von Kliniken, einfach von allem, was mit diesem Krebs zu tun hatte. Da reichte es mir vollkommen, wenn ich alle halben Jahre damit konfrontiert wurde.

Es gab eine Zeit, da dachte ich, vielleicht könnten mir Gleichgesinnte helfen, und ich begab mich deshalb im Internet auf verschiedene Krebsforen. Leider brachte mir das rein gar nichts. Im Gegenteil. Nach einer Weile konnte ich all das Leid, das ich dort stets zu lesen bekam, nicht mehr ertragen. Ständig zu erfahren, dass wieder jemand verstorben war, wie sehr die Menschen trauerten, wie Schmerzen der Krebspatienten und Angehörige empfanden und durchmachten. Nein, das war einfach zu viel für mich. Ich meldete mich dort dann auch wieder ab. Ich konnte es wirklich nicht ertragen.

Für mich reichte es völlig aus, nur jedes halbe Jahr zur Krebskontrolle zu gehen, und das setzte ich auch durch. Noch mehr Qualen zu ertragen, das ging nicht. Ich konnte nicht mehr. Ich war müde und ausgelaugt, voller Sehnsucht, mich anzulehnen und mich einmal fallen lassen zu können.

Traurige Selbsterkenntnis

Es ist, als stehe man neben sich und erkenne sich selbst nicht mehr. Man wird sich selber fremd. Man ist auf einmal eine ganz andere Person als vor dem Krebs. Wie soll man damit leben? Für mich wäre der Tod eine echte Erlösung. Endlich die Augen für immer zu. Ich würde alles hinter mir lassen.

Ich denke oft an Selbstmord. Nur! Was wird dann aus meinem Hund? Ich kann nicht gehen, ohne dass ich nicht weiß, dass es ihm gut geht. Oft bin ich voller Aggression und möchte wirklich gerne mal einem arroganten Menschen mit der Axt den Schädel spalten. In der Hoffnung, dass es mir dann innerlich besser gehen würde. Keine Ahnung, ob das dann der Fall wäre.

Wenn ich an solche Menschen denke oder ihnen begegne, könnte ich kotzen. Für mich sind sie der letzte Abschaum, der letzte Abschaum des Universums.

Ich habe seit meiner ersten Krebserkrankung ein Gedankengut, das mich oft wirklich selbst erschreckt. Ich benutze Worte, die ich vorher nie ausgesprochen hätte: Die Menschen hier im Dorf tituliere ich als Drecks-

pack. Die Regierung als dreckiges Gesindel. Ich habe Worte im Kopf und spreche sie für mich auch aus, die mich vor mir selbst erschrecken lassen. Wenn mich ein Mensch mitleidig anschaut, weil ich durch meine tauben Füße komisch laufe, denke ich: Du Drecksau, guck woanders hin. Arschloch ist das Harmloseste, was ich in Gedanken von mir gebe.
Ich bin so voller Hass und Pein, es ist einfach nur noch furchtbar. Ich bin so kraftlos, ich kann einfach nicht mehr.

Ich kann noch nicht einmal mehr richtig weinen. Ein paar Tränen kullern mal, aber dass ich mal so richtig weinen kann, mich mal richtig ausweinen, nein, das geht nicht mehr. Ich wünsche mir so sehr, endlich für immer die Augen schließen zu können. Nichts mehr sehen und hören von dieser beschissenen Welt. Von diesem furchtbaren Universum, das nur Leid und Elend für mich übrig hatte und hat.

Es gibt wirklich keinen Menschen auf dieser Welt, der mir mehr bedeutet als mein Hund. Gibt es überhaupt noch Menschen? Heute lebt doch jeder nur für sich und jeder ist sich heute selbst der Nächste.

Es wird Zeit, dass die Menschen von der

Erde verschwinden, natürlich einschließlich *mir*. Nur die Natur und die Tiere können zurückbleiben. Sie sollen leben. Das sind meine Gedanken.
Der Mensch gehört vernichtet, ausgerottet! Und zwar so, dass sich das Universum wieder erholen kann und die Tiere und die Natur wieder im Einklang leben können.

Wie lange ich das alles noch mitmachen kann, weiß ich nicht, ich weiß es wirklich nicht. Irgendwann ist die Grenze des Erträglichen erreicht – und dann? Ich kann jeden verstehen, der sich das Leben nehmen will, jeden. Denn das hier auf dieser Erde ist kein Leben. Nein, das ist wirklich kein Leben mehr für mich. Es ist nur noch eine einzige Qual. Der Tod wäre eine echte Erlösung für mich.

Nach dieser Phase sind nun wieder ein paar Monate ins Land gezogen. Ich bin innerlich etwas ruhiger geworden. Wenn ich spüre, dass die Aggression in mir hochkommt, nehme ich schon am Morgen eine Morphium-Tablette, und dann überstehe ich den Tag ohne größere Aggressivität, und das hält dann auch eine Weile an.

Wir sind noch immer auf der Suche nach

einer neuen Wohnung. Die Bergsteigerei hier macht mich echt wahnsinnig. Doch stets das alte Lied, entweder sind die Wohnungen zu teuer, oder die Vermieter wollen keinen Hund.

Eine Untersuchung habe ich bisher nicht mehr machen lassen, da ich definitiv sowieso nichts mehr machen lasse. Wenn es so ist, dass der Krebs wiederkommt oder bereits wieder da ist, dann ist es eben so. Ich habe keine Angst vor dem Sterben.

Manchmal frage ich mich, ob ich überhaupt irgendwann mal in meinem Leben irgendwo wirklich ankomme. Denn wohin ich auch gehe, meine Krankheit nehme ich immer mit. Und noch immer ist mein Hund der einzige Grund, warum ich am Morgen aufstehe. Er gibt mir die Kraft für jeden neuen Tag.

MEHR VON MARINA ROGGENKAMP, ERSCHIENEN BEI DEBEHR

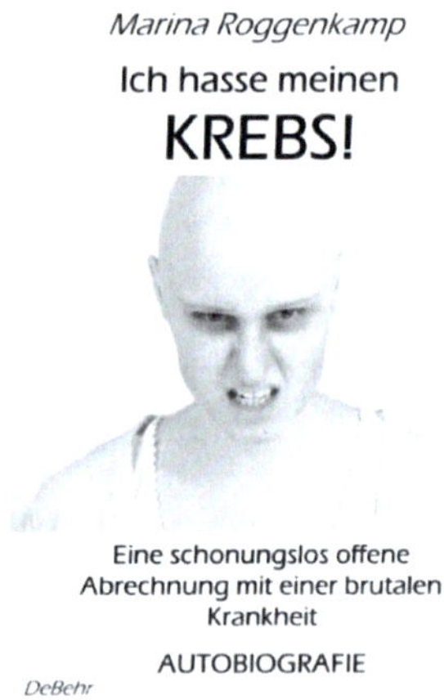

Dieses Buch habe ich verfasst, um mir den Horror meiner Tumorerkrankung von der Seele zu schreiben und meine eigene Realität mitzuteilen. Manches, was ich in anderen Büchern gelesen habe, klang, als seien OP, Chemotherapie oder Bestrahlung ein netter Spaziergang, dem ist aber definitiv nicht so! Auch ist der Krebs in keinster

Weise eine Bereicherung, wie ich auch schon las. Eine BEREICHERUNG? Die Schmerzen, das Leid, die Angst, bleibende Schäden? Auch hat nicht jeder Kranke einen liebevollen Partner oder einfühlsame Angehörige und Freunde, die ihm jeden Handgriff abnehmen und stets zur Seite stehen. Mut machen wollen mit Hätschelbüchern über Krebs? Für mich klang das wie Hohn. Nein, ich zeigte meinen Krebs die Zähne, ich war wütend, verzweifelt, am Ende, doch ich machte weiter, mit all dem, was auf mich zukam. Und das, was da auf mich zukam, war eine Menge... Marina Roggenkamp erkrankt an Lungenkrebs. Sie hasst ihren Krebs, er gehört da nicht hin, nicht in ihren Körper, nicht in ihr Leben. Schonungslos offen, ohne ein Blatt vor den Mund zu nehmen, lässt sie die Hölle der Behandlungen Revue passieren. Darf man die Wahrheit sagen? Und ob!

250 Seiten Taschenbuch, ISBN: 9783957531902